ほうれい線は消える！

Ha-ha Hand OTEIRE 主宰
三城響子

自由国民社

はじめに

ほうれい線は、消せます

え？　ほうれい線って消せるの？

多分、あなたは一縷《いちる》の望みをもって、この本を手に取られたと思います。

ふと電車の窓、スマホのインカメ、ショーウィンドウや鏡に映った自分の顔にドキッとし、

誰？　これ？　私？

何？　このほうれい線！

自分の顔を見て、愕然としたときはありませんでしたか？
ほうれい線が消せたらと思うのは、この時からなんですね。

私は、今まで、自分のほうれい線を気にしたことがなかったので、こういった悩みを持つ方々にお手入れをさせて頂く機会が増えてくると、身近な人のほうれい線が気になり、ほうれい線はこんなに簡単に消せるということを、教えてあげなくては‼と、さらに研究を重ねることにしました。

私は**オテイリスト**として、27年間、10～70代の女性の様々な問題に答えて、解決してきました。（オテイリストとは、肌の悩みから心の悩みまで、総合的にお客様を問題解決に導く人のことです。）

しかし、正直、現代のように「ほうれい線」という悩みがこれほどまでに多くなったのは、初めてのことだと感じています。

顔の中心に出たこの「相」に対して、多くの人が「何か」を感じ始めている徴候ではないでしょうか？

ところで、ほうれい線って何だと思いますか？

シワ？

いいえ、実は**「たるみ」**が作り出しているものなんです。

では、その「たるみ」を作り出したのは何でしょう？

実は、**ほうれい線は、あなたの生活習慣、あなたの考え方が作り出したものです。**

この本を読んで生活習慣と考え方を変えれば、ほうれい線は消えてしまいます。

生活習慣を変える、考え方を変えるのは意外と難しいことだと思われがちですが、気分が良いことであれば楽しく続けられるのです。

だから、あなたにも簡単にほうれい線は消せます。

この本には、私が経験したこと、実際に行っている効果的なことをわかりやすく書きました。

きっと最後まで一気に読んで頂ける事と思います。

そして、あなたにとってなくてはならない本となっていく事と信じています。

さあ、今日から、ほうれい線を消して、

すっきりと新しいあなたになりましょう！

目次

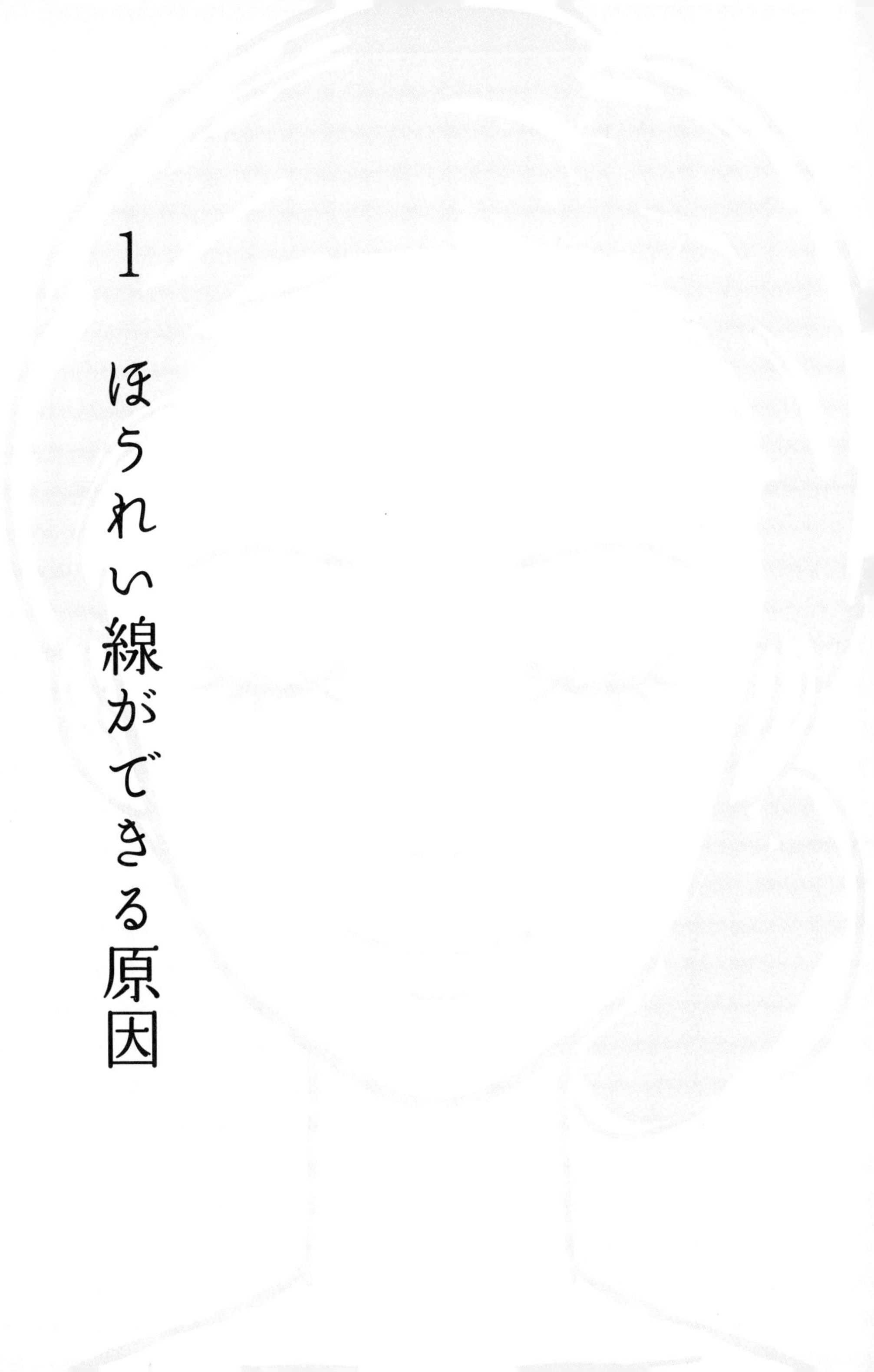

1 ほうれい線ができる原因

「ほうれい線」の定義

〝人の鼻の両脇から唇の両端に伸びる2本の線。シワでは無く、頬の境界線である。英語では「smile lines」「lsugh lines」などと言う。語源は中国の面相学における「法令紋」に由来する。「豊麗線」「豊鈴線」は当て字。「頬齢線」と言う表記も見られるが、語源的には誤りである。医学関連分野の専門用語では「鼻唇溝」と呼ばれる〟

このようにウィキペディアには書かれています。

赤ちゃんの顔にもある、ただの鼻の横に伸びる「みぞ」なのに、できることなら消したいほうれい線。

これがあるだけで、10歳老けて見える？　と女性を脅かします。

「でも、一体どうしたらいいの？」

という思いでこの本書を手にして下さった、あなたの望みが叶う素晴らしい方法を、これからお伝えしていきます。

「三つの輪」の美

今から約30年前、留学先のアメリカから帰国したての私に、母が目を輝かせて、

「綺麗になれるところ見つけたの！」

「一緒に行きましょう」と東京の某所で待ち合わせをしました。

おしゃれが大好きな母や祖母の影響で、わたしもおしゃれをするのは、当たり前の習慣。コスメ大国アメリカで、メイクも大好きなコスメフリークだった私は、美容の情報が聞ける！と喜々として出かけていきました。

その美容セミナーで話されていた総合美容の概念と図。

重なり合う1つ1つの輪が、「外面美」、「内面美」、「精神美」。そして、なんと**「精神美」の割合は、80％**だという説明でした。

その上、その三つの美の「輪」が重なる中心が、なんと！**「顔」**だというのです。

約30年前の若い私と、時代背景からは、想像もできない内容。

「なぜ?」「どうして?」何が一体どうなっているの！

と頭の中が「???」。

答えを知りたい欲求と、好奇心と探求心に、一気に火がつきました。

それからというもの…気が付いたら、結婚や三児の子供を出産という一大イベントもこなしながら。休む間も惜しんで総合美容の会社で、美容の基礎知識や現場でのお客様の生の声を聞き、問題解決をしていきました。

その4年後には、今のOTEIRE（お手入れ）の大元になる理学美容に基づく、オールハンドのフェイシャルを学ぶことになるのでした。

「顔は脳の袋」。唯一、顔だけに五感があります。そして、その五感は脳の中心（自律神経系）につながっている。今では、知る人ぞ知る大脳生理学や心理学を、フェイシャルのトリートメントの中で学びました。そのアカデミーに傾倒した私は、夢中でお手伝いをして、1年半で250人の卒業生の変化を、目の当たりにしたのでした。

その後も、直感や感覚でわかったこと、現場で起きる様々な結果の理由や理論を知りたいあまり、エネルギーのことや、心理学、各種ヒーリング、大脳生理学、解剖生理学、頭蓋仙骨治療や量子力学まで学びに行き。目の前のお客様と自分の人生の中で、実践してまいりました。

延べ1万人への施術と、施術者を育成する道のりは、私自身に多くの気付きをもたらす、人としての学びと成長になりました。

ほうれい線の原因

それでは、まず最初にほうれい線ができる原因を、４人の女性の実例を見ながら説明していきます。

1、A子さん（保育士・32歳）の場合

お肌の乾燥

ほうれい線ができる原因の一つが、お肌の乾燥です。

保育士という仕事柄、子供たちと一緒に戸外に出ることが多いA子さんの肌はいつも乾燥気味です。

でも実は、終日オフィスで働いている人も、ずっと空調の中にいるので、お肌が乾燥していることが多いのです。


お肌＝皮膚は、表皮・真皮・皮下組織の３層構造になっています。

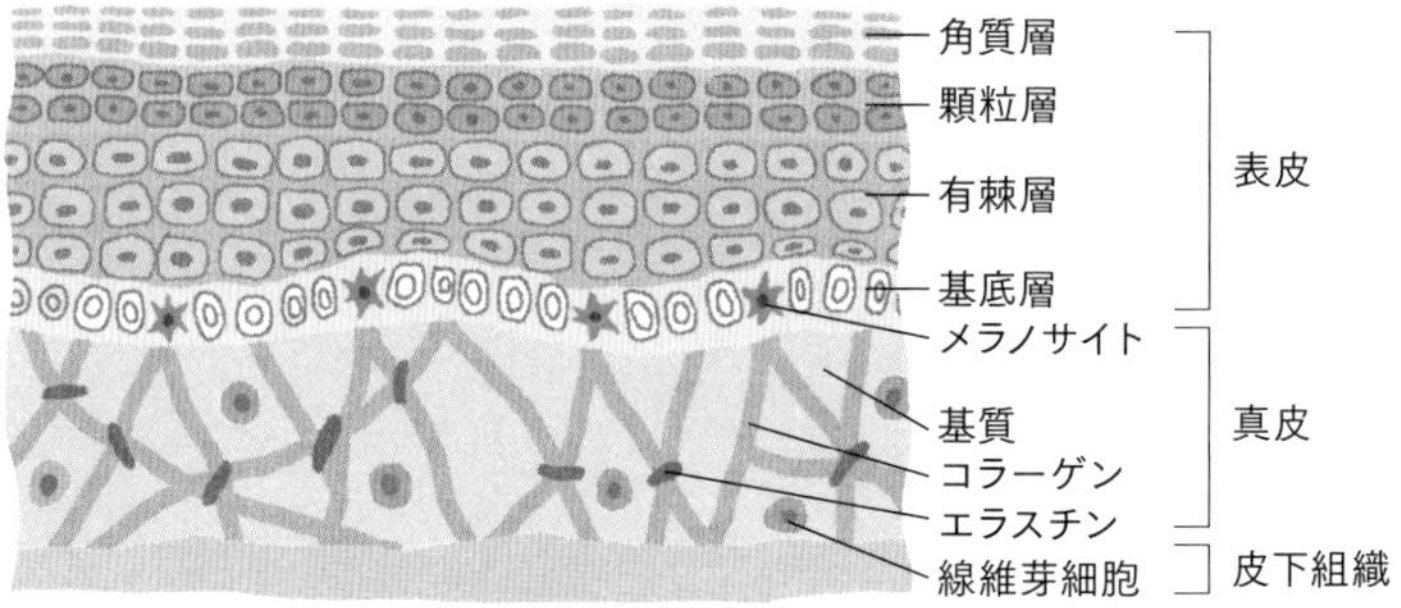

肌の構造

このうちお肌の乾燥にダイレクトに関わるのが表皮の一番上にある「角質層」という組織です。

角質層の厚みはわずか0・02㎜。ラップ1枚ほどの厚さしかありません。

「肌はとてもデリケート」とよく言われますが、この薄さを考えるとなぜデリケートと呼ばれるのか、よくわかりますね。

さらに驚きなのは、この薄い角質層の組織の中に「角質細胞」と「細胞間脂質」という細胞が交互に20段ほども、レンガのように積み上げられているという事実です。

お肌の水分を保つのに重要な役割をするのは細胞間脂質で、スポンジのように水分を貯め込みます。

ここが健康な状態だと、水分をたっぷりため込むことができるため、お肌の潤いを保つことが、できるのです。

でも、働きが悪くなると、さあ大変！

水分をためておくことができなくなり、蒸発する一方

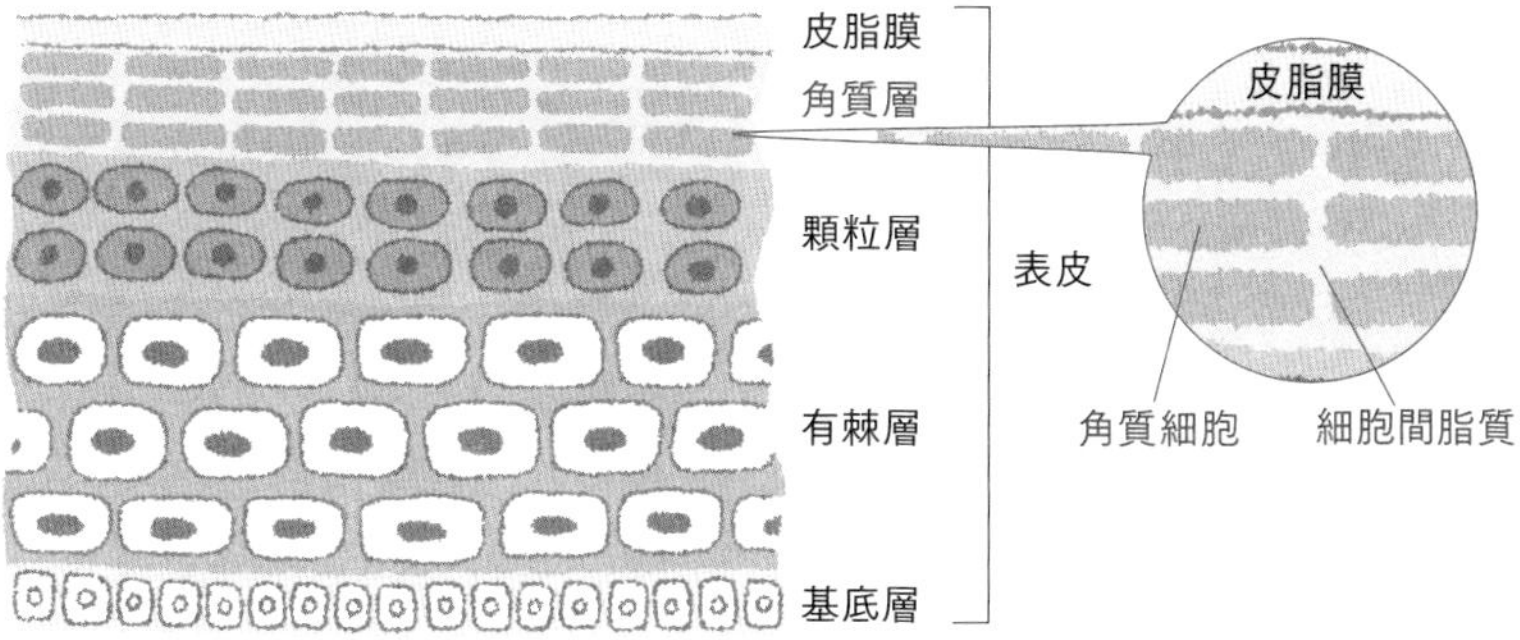

角質層の構造

になってしまうため、お肌は潤いを失います。

すると、いわゆる「しぼみ肌」になってしまい、しわやたるみが、できやすくなってしまうのです。

適切なお手入れをしないまま、お肌を放置していると乾燥がどんどん進み、やがて、しわとたるみがほうれい線を形づくってしまうというわけです。

私が10代の頃、「25歳はお肌の曲がり角」というテレビコマーシャルがありました。

実際、お肌の水分保持能力は20代に入ると減少していき、25歳過ぎるとお肌から水分が失われるスピードが早まるといわれています。

すべての女性に対して言えることですが、特にA子さんのような職業の方には、お肌をみずみずしくふっくら保つ水分補給が、欠かせません。

紫外線の影響

1年中、太陽光線にさらされているA子さんは、紫外線によるダメージも受け続けています。

すでにご存じの方も多いと思いますが、

紫外線＝お肌の大敵

なのです。

紫外線にはA波、B波、C波の3種類がありますが、このうち地上に届いて私たちのお肌に悪影響を与えるのはA波とB波です。

A波は、お肌の弾力やハリを失わせ老化の原因となり。

B波は、メラニン色素を生成してシミやソバカスの原因を作ります。

ほうれい線との関係で言えば、A波の方が影響力大！

というのも、A波は、お肌の弾力を維持しているコラーゲンを細かく切断してしまうからです。

お肌プルプルがすべての女性の理想ですが、そのプルプルの元がコラーゲンです。

その「プルプルの元」を壊してしまうのですから、いかにA波が、私たち女性にと

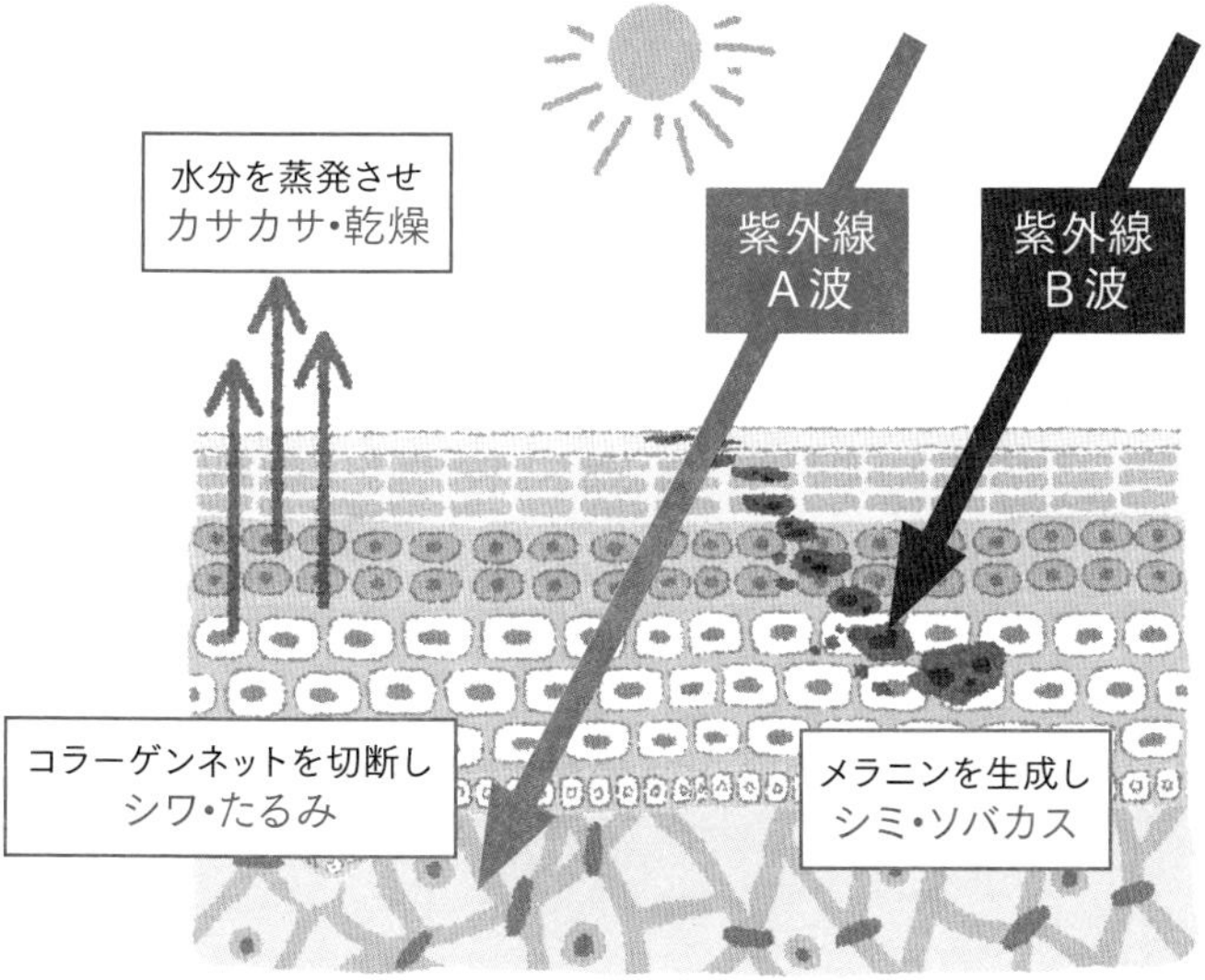

って警戒すべき敵かがおわかりいただけるでしょう。

無防備に太陽の下にいて、A波を浴びてしまい、コラーゲンの組織が壊れると、お肌のハリがなくなって顔がたるんでしまいます。そのたるみが原因で、ほうれい線が出てしまうのです。

読者の皆さんは、曇りの日でも紫外線は地上に届いているのをご存知だと思いますが、それでも「晴れていないから大丈夫」と油断しがちではないでしょうか。

紫外線は、夏でも冬でもお肌にとって「百害あって一利なし」なので、日焼け止め対策を万全にすることをおすすめします。

2、B子さん（介護士・40歳）の場合

睡眠不足

お肌をみずみずしく保つには、新陳代謝（細胞の生まれ変わり）が活発であることが大切です。

通常、お肌は28日間で生まれ変わるとされており、このサイクルを「ターンオーバー」と言います。

睡眠不足はそのサイクルを乱し、ターンオーバーの周期が延びる原因になります。

すると、角質層の水分保持機能が低下し、お肌の水分が蒸発しやすくなってしまうのです。

お肌の乾燥が、ほうれい線の最大の原因になるのは、先ほどA子さんの例でお話ししたとおりです。

睡眠不足のB子さんは、自律神経が乱れている可能性が大きいです。

まずは、睡眠を改善し自律神経を正常に戻し、ターンオーバの周期が28日に近づくことで、角質層の水分保持能力がアップして、ほうれい線が改善されていきます。

健康な肌は28日周期で生まれ変わる

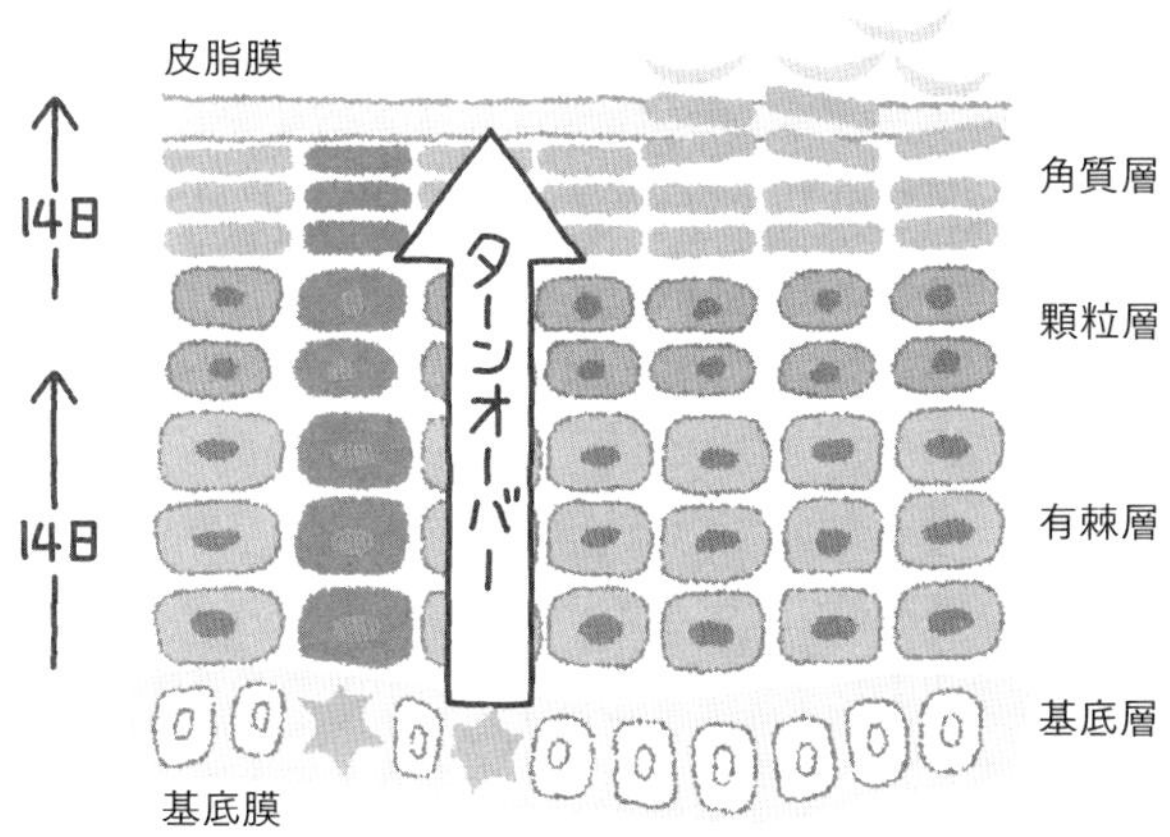

自律神経の乱れ

自律神経は、内臓を動かしたり体温や血圧を調節したりといった働きをするものです。

交感神経と副交感神経という正反対の性質を持つ２つの神経がバランスよく交互に活発になることで、私たちの体を健康に保つ働きをします。

- 交感神経
  ↓活動をするときに優位になる
- 副交感神経
  ↓安静にしているときに優位になる

ところが、ストレスが多い生活をして

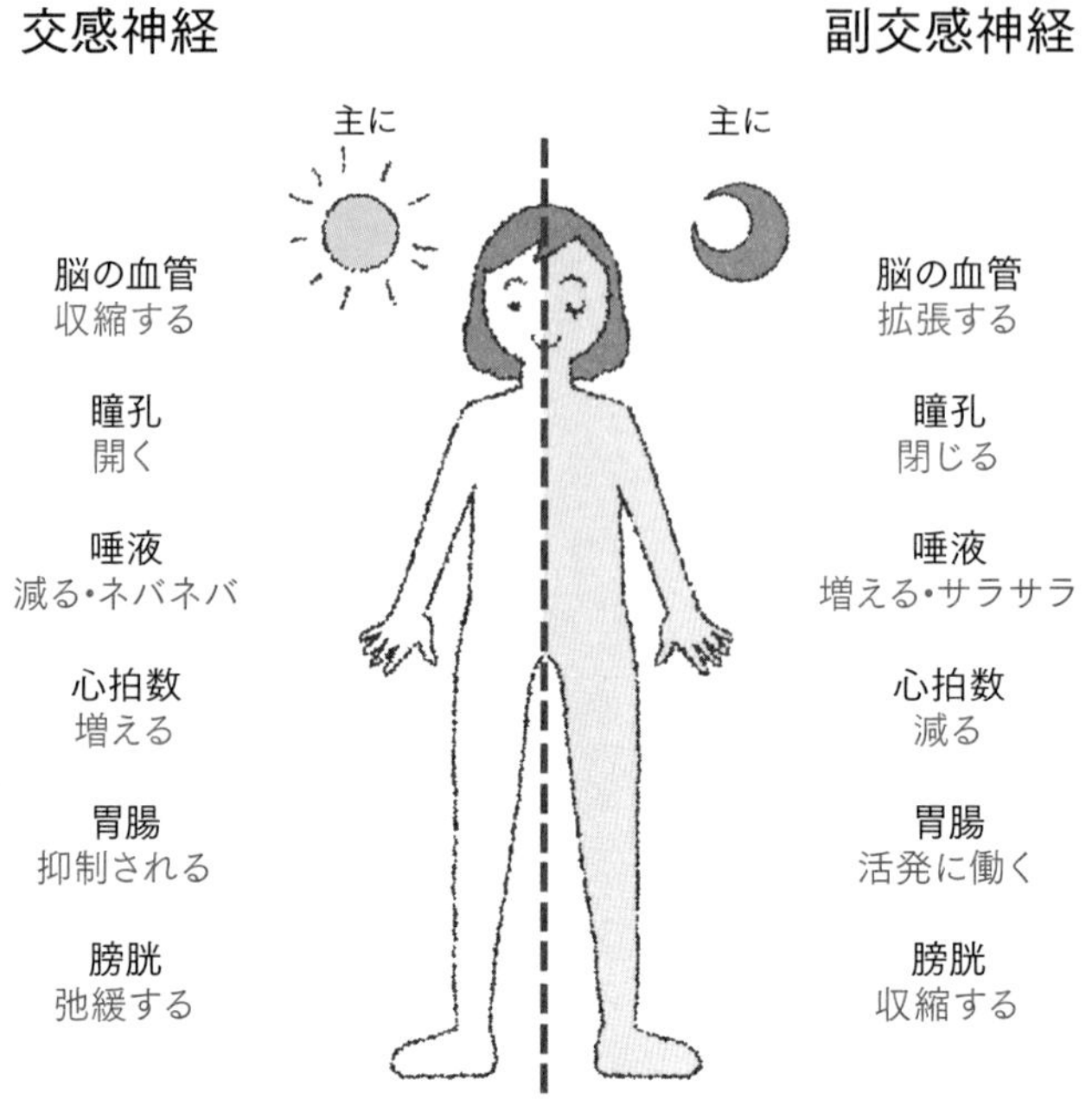

いると、交感神経が優位に立つ時間が長くなり、「寝つきの悪い」状態になります。

そして、体にさまざまな不調を起こします。

介護士に転職したてのB子さんは、睡眠を取る時間帯もまちまちとなり、ストレスでいっぱいの状態が続くうち、自律神経のバランスを崩し、女性ホルモン（エストロゲン）の減少が原因で出来たたるみが、ほうれい線となっていたのです。

3、C子さん（ライター・51歳）の場合

顔が冷えている（体が冷えている）

冷え性のC子さんは、顔を触ったときにヒヤリとした感触を覚えることが、多いそうです。C子さんは自覚が出来ていますが、ご自分の冷えに気付いていない方が、サロンでは、多い傾向があります。

普段、他の人の顔に触れることがないので、自分の体温が低いのか、高いのかわかりづらいようです。人に触れられたり、触れる経験をしたときに初めて自分が、冷たかったんだと気づく方が多かったです。自分だけで過ごしていると、「それが当たり前、体温が低いなんて思いもしなかった。」と言います。

デスクワークでパソコンなどを使う仕事の人は、末端が冷えている場合が多いです。首、手首、足首にレッグウォーマーやスカーフ、ひざ掛けなどで温める工夫をしましょう。

顔が冷えているということは、血液循環が悪いということです。

血液の流れが悪いと、本来、血流とともに流れていくはずの老廃物が顔にたまりや

頬骨の下に老廃物がたまりやすい

すくなります。

なんと、栄養と酸素を運ぶ毛細血管は、10歳ごろからすでに老化が始まるともいわれています。

老廃物は骨の「きわ」に付着しやすいものです。

ほうれい線が出現するのは、ちょうど頬骨のある場所なので、ここに老廃物がたまってしまうことで頬の余分な脂肪がたるみをつくり、深いほうれい線を出現させます。

なお、顔の血行不良は顔の筋肉が使われていないことによっても起こります。

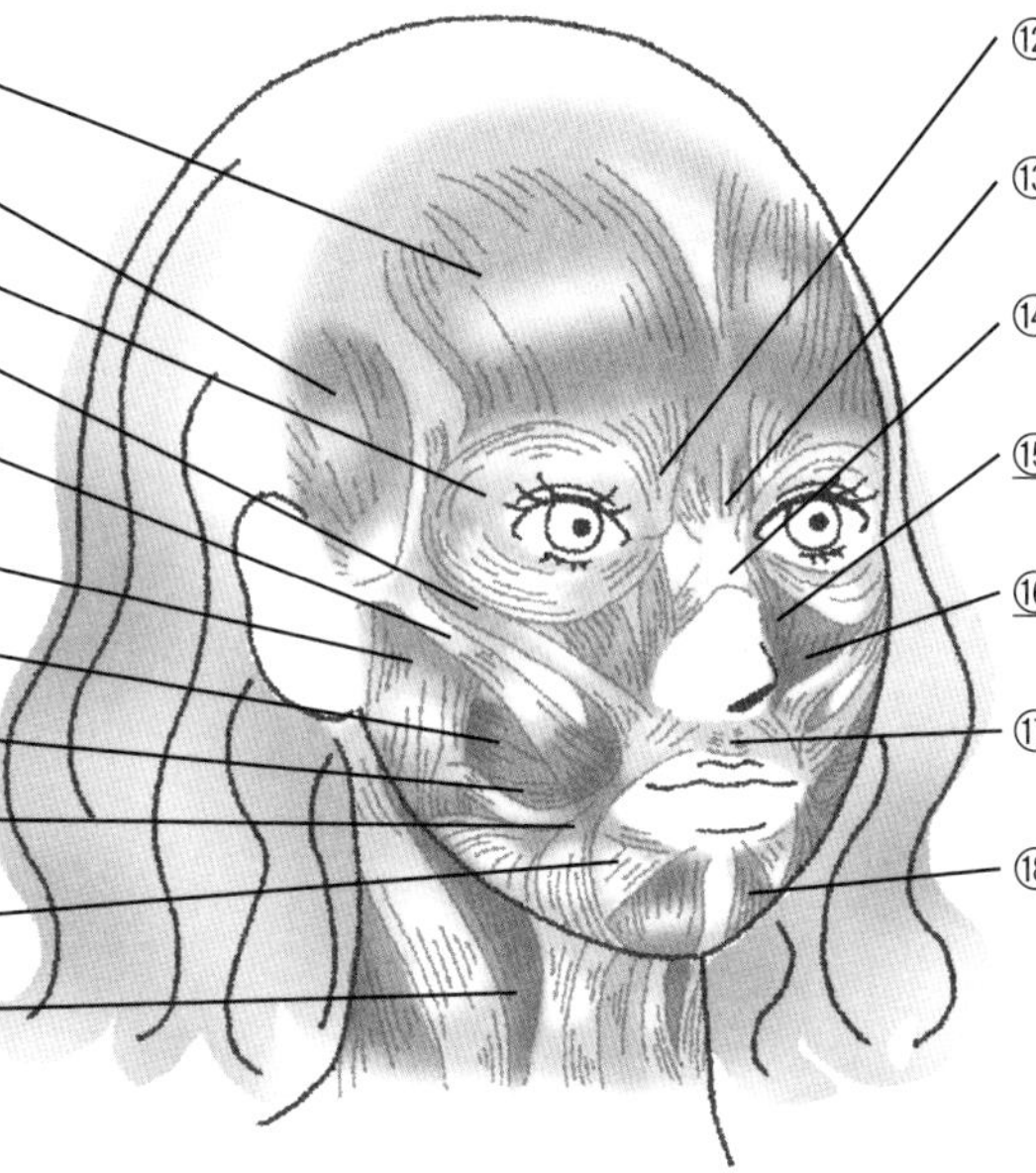

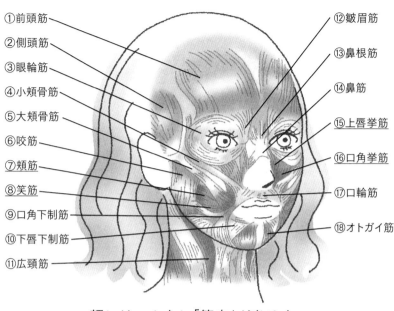

顔にはこんなに「筋肉」がある！

顔には約30種類の「表情筋」と呼ばれる筋肉がありますが、そのほとんどが普段の生活で使われないまま放置されていると言われています。

口の周りは⑦頬筋、⑧笑筋、⑮上唇挙筋、⑯口角挙筋をはじめとして図のように複数の筋肉にかこまれています。

これらの表情筋が衰えることによって、上にのっているお肌がたるむのです。

「衰える」というと、ゆるゆるとゴムが伸びたように感じるかもしれませんが、固まったり、凝ったりする場合もあります。体と同様に、鍛える前にストレッチが必要となります。

表情筋は、ある程度、鍛えることができる筋肉でもあります。

芸能人、歌手、役者さんなど表情豊かに表現する方々は、前ページの表情筋が発達していいます。ほうれい線も目立たないイキイキした表情をされていいます。

体の筋肉と同様、**顔の筋肉も「使えば鍛えられる」**のです。

C子さんの場合、全身の血行をよくすること、顔の筋肉をもっと使うことが、ほうれい線の解消につながります。

目が疲れている

デスクワークでパソコンを見ることの多いC子さん。最近、特に目の疲れを感じるといいます。

この現象、C子さんに限らず、現代社会ではとても多くの人が経験しているはずです。電車の中を見渡せば、ほとんどの人が夢中になってスマホの画面を見ています。会社で一日中パソコンを見て、さらに通勤中やちょっとした空き時間にスマホを見るの

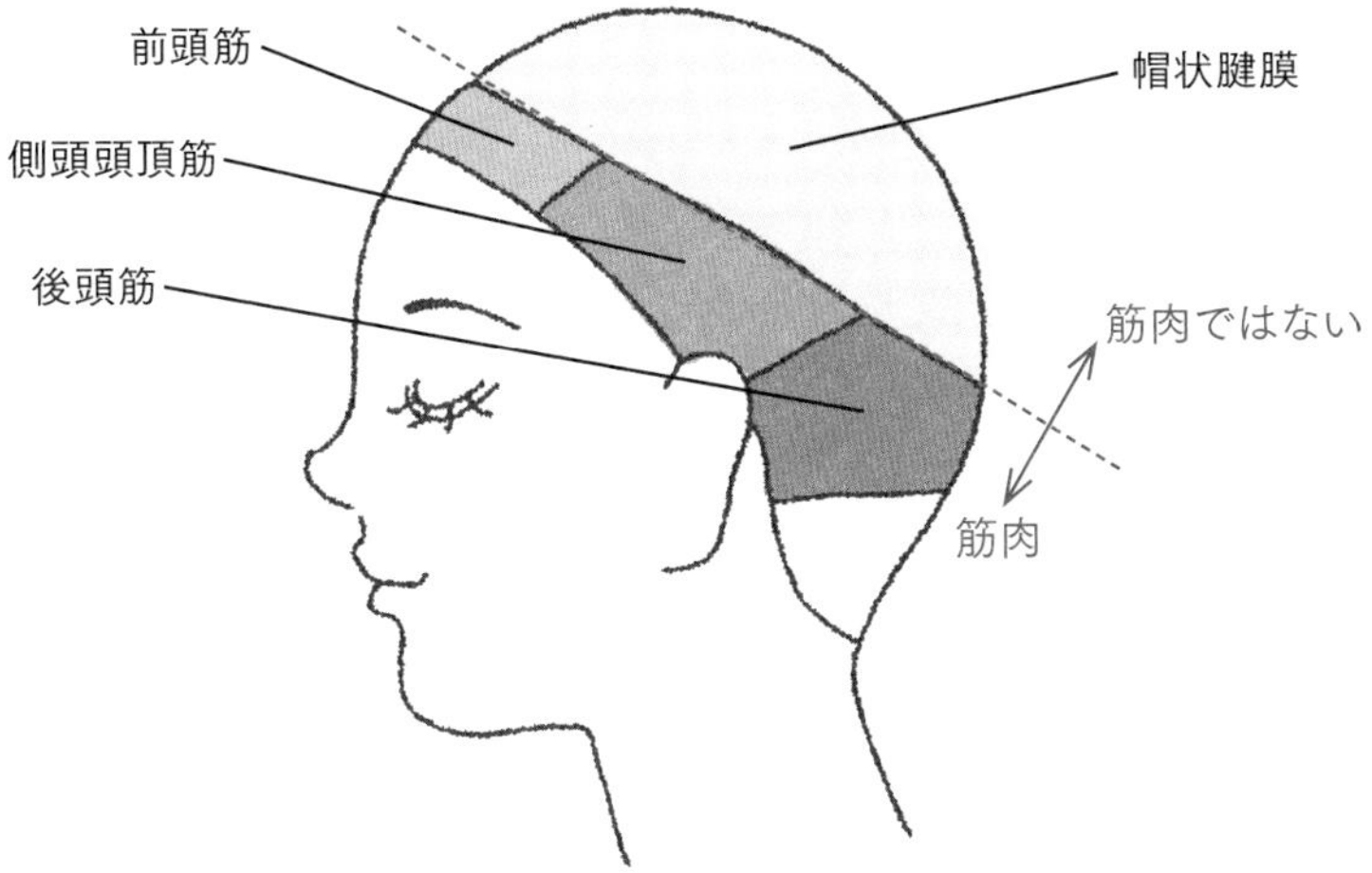

が習慣化している今、目は酷使されています。

これは、とても危険なこと。

「眼精疲労」「ドライアイ」という言葉を聞いたことがありますか？

目の疲れが原因になって、疲労が全身に及ぶことをこう言います。目の疲れは頭痛や肩こり、背中のこり、腰痛、慢性的な疲労など、さまざまな不調の原因になるのです。

美容的な面から言えば、目を酷使しすぎることによって、目を動かす筋肉が、こわばったままになり、それが髪の生え際部分の筋肉にも及んでエイジングを加速していきます。

上の図のように、髪の生え際部分は、私が「頭皮ベルト」と呼んでいる筋肉の帯で取り囲まれています。

「頭皮ベルト」は、顔を引き上げて若々しく保つのに、大きな働きをしています。この重要な役割を果たす「頭皮ベルト」が固くこわばることによって、顔全体が垂れ下がる、という事態を引き起こすのです。

パソコン作業の多いC子さんのほうれい線の原因は、こんなところにもありそうですね。

4、D子さん（パート・63歳）の場合

加齢からくるお肌の変化

お肌は、「表皮」「真皮」「皮下組織」の3層構造になっています。

この3層のうち、お肌のハリや潤いを保つための重要な部分を担うのが、真ん中の「真皮」という層です。

真皮はほとんどが、網目状のコラーゲンで構成されています。

網目になったコラーゲンの間を、お肌の潤いを保つ働きをするヒアルロン酸と、コラーゲンを支える役割をするエラスチンという線維が埋めて、お肌をみずみずしく保

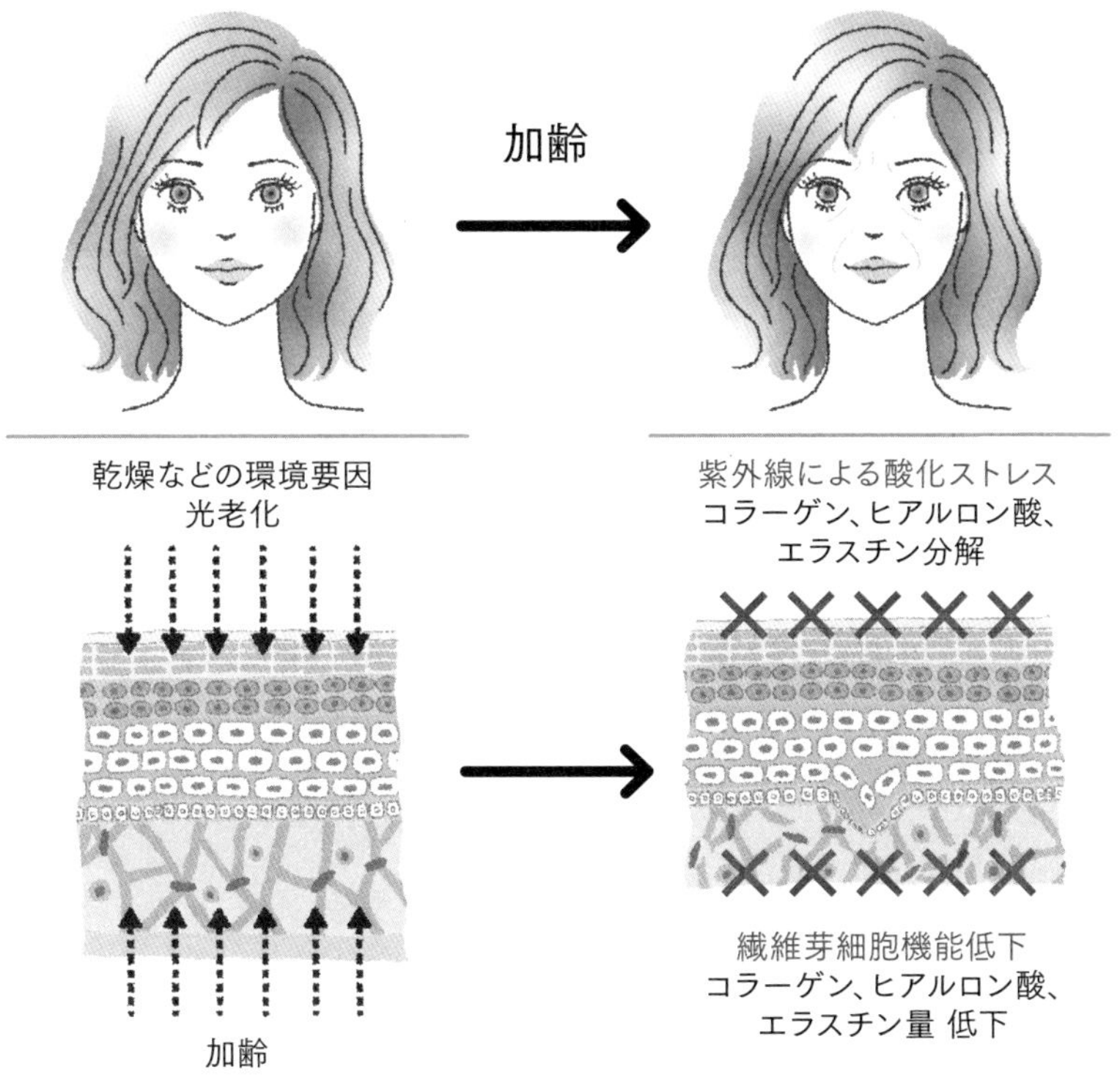

っているのです。

しかし、真皮の「コラーゲン」は、年齢とともに分泌量が減少していきます。

さらにお肌の乾燥や紫外線などがそこに追い打ちをかけ、お肌の老化を進めてしまうのです。

コラーゲンやヒアルロン酸、エラスチンの分泌量が減っていくのは自然の摂理です。

サプリや、食べ物である程度補うことができます。

年齢がいけばいくほど、「何をどう食べるか」がとても重要にな

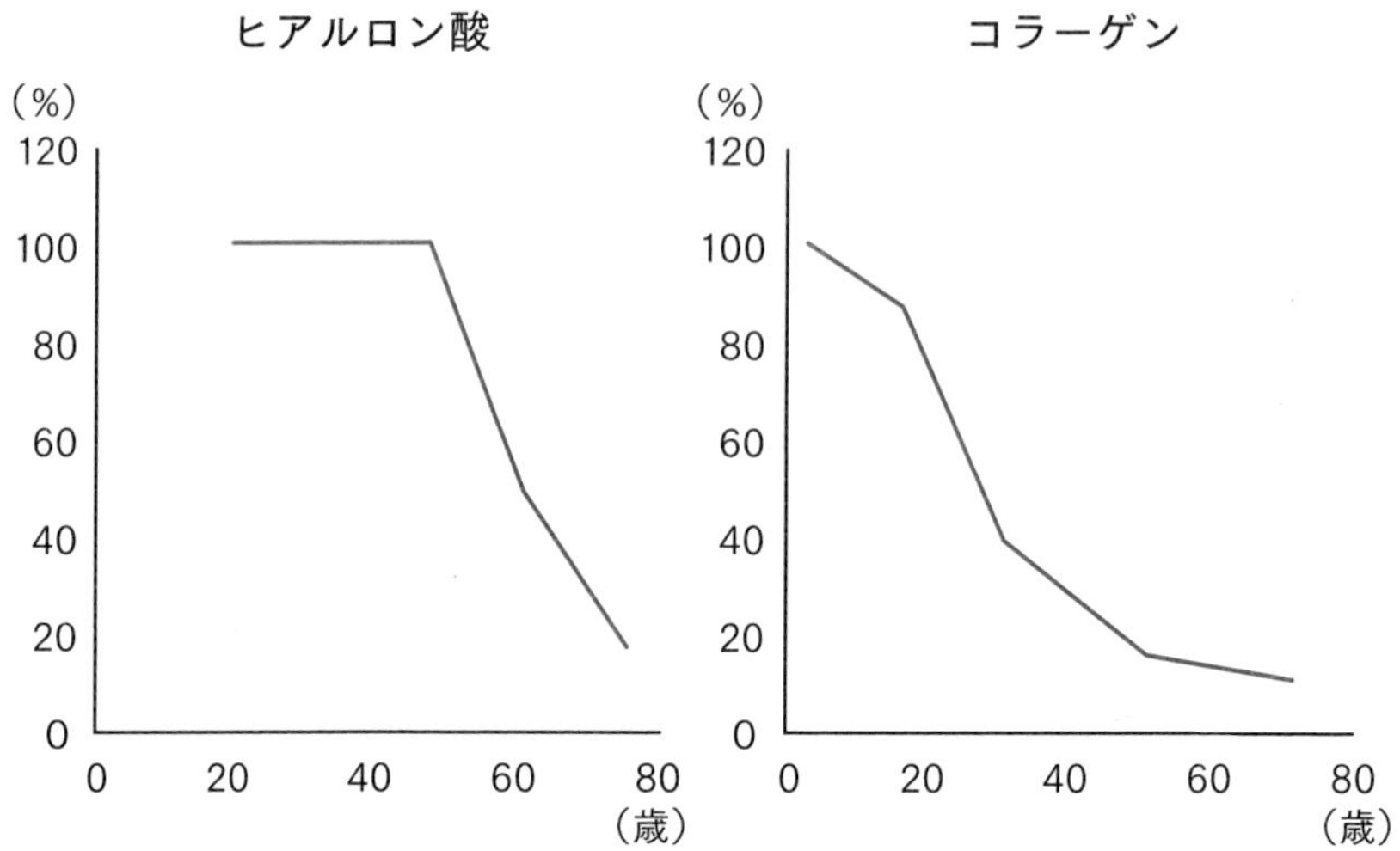

加齢によるコラーゲン、ヒアルロン酸の量の変化
（画像出典：http://aloesterol.jp/skin/）

ってくるのです。そして、「食」は消化、吸収、排泄までが大事です。

ストレスを感じることで水分が減少。睡眠・喫煙・アルコール、心のもち方などと深く関係してくる真皮「まことの肌」は、表皮のように一瞬にして回復するところではなく、ダメージの修復にも、表皮が3か月、真皮は3年ともいわれています。最近では、化粧品もサプリも進化していきています。情報をキャッチして賢く使うことで、真皮層の改善、修復に一役買います。

姿勢が悪い

「えっ？　姿勢の悪さとほうれい線がなぜ関係するの？」

と思われた人も多いのではないでしょうか？

実はこの2つは、深い関係があるのです。

前かがみの姿勢（いわゆる「猫背」）は、背中が丸くなり、あごが体の前に出ることにより、顔全体の皮膚が下方向に引っ張られフェイスラインを歪ませ、たるみ、ほうれい線の原因を創り出します。

というのも、人の頭はかなり重く、成人女性で5〜6キロもあり、それを支えるのが肩甲骨から後頭部にかけての筋肉だからです。

猫背の人の頭は前の方にあるため、それを支える筋肉に大きな負担がかかります。

それによって顔全体の皮膚が、下の方に引っ張られてしまうのです。

あなたの周りの姿勢のいい人と、そうでない人を思い浮かべてみてください。

背筋がシャキッと伸びた姿勢のいい人はほうれい線がなく、すっきりしたあごをしているのでは？　一方、「姿勢がよくないな」と思う人は、ほうれい線が出ていて、あごの周りにももたつきが感じられるはずです。

均整の取れた筋肉の付き方をしているかそうでないかに、ほうれい線の出る・出ないが関わっているのです。

姿勢と顔は、密接に関係している！

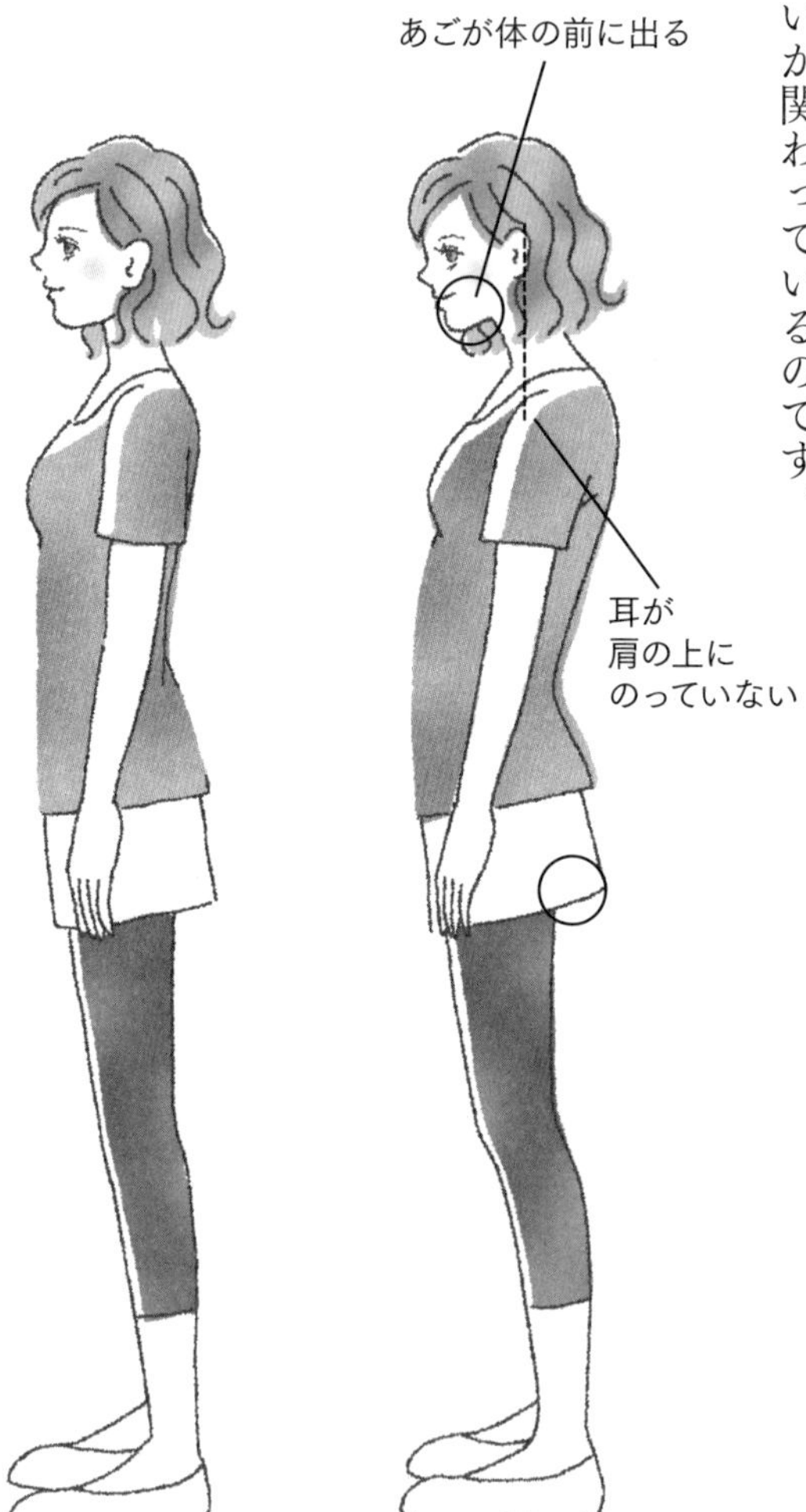
あごが体の前に出る
耳が
肩の上に
のっていない

噛み合わせが悪いと顔が歪む

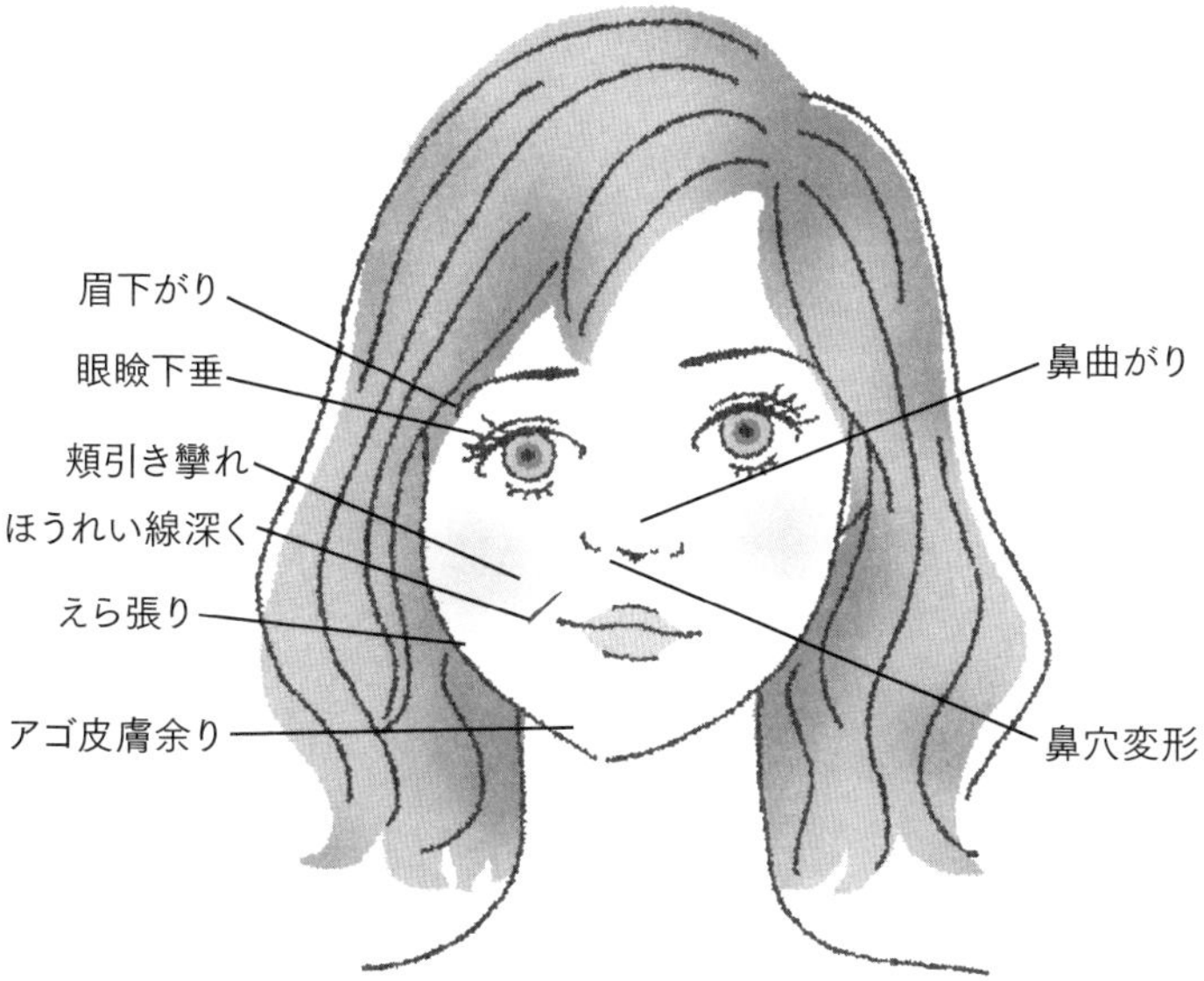

歯の噛み合わせが悪い

噛み合わせの悪い歯でものを食べ続けると、噛みやすい方でばかり噛むようになっていきます。

また、歯茎のコラーゲン・ヒアルロン酸も、お肌の老化と同様に減少していくので、歯並びが悪くなりやすいです。

その結果、左右の顔の筋肉が均等に使われなくなり、歪みが起こるため、ほうれい線を作りやすくしてしまいます。

食べ物を噛むとき、歯には400～600gの負荷がかかると言われています。

つまり、きちんと噛み合った歯で食べれば、400～600gのダンベルを使って顔の筋肉の筋トレをしているようなものだということです。

先ほど、C子さんの例で見た、顔の表情筋のご説明を覚えていますか？

顔の表情筋の多くは使われていないのでしたね？

でも、歯がしっかりと噛み合っていて、それなりの歯ごたえのあるものを、ある程度の回数噛むようにすれば、それだけで表情筋の筋トレになるのです。


適切なケアをすればほうれい線は薄くなる！


ほうれい線ができる原因についてここまで見てきましたが、いかがでしょうか。

知っていたという方も、なるほどという方も。

「これ、私にも当てはまるかも！」

と思うものがいくつかもあったのではないでしょうか？

ほうれい線ができる原因は、一つではありません。

顔の筋力低下の直接的な原因は、大きく分けると

1、お肌の水分不足

2、お肌のコラーゲン、ヒアルロン酸、エラスチン分泌量の低下

3、表情筋の筋力低下

の３つということになります。

次の章からは、この３つの原因を取り除き、ほうれい線を改善する方法をご紹介していきます。

手法としては、

1、お肌のお手入れをして改善する

2、生活習慣を見直し、体の健康を取り戻して改善する

の2つと、最後がとても重要なのですが、

3、心のあり方から改善する

の、以上3つをご提案します。

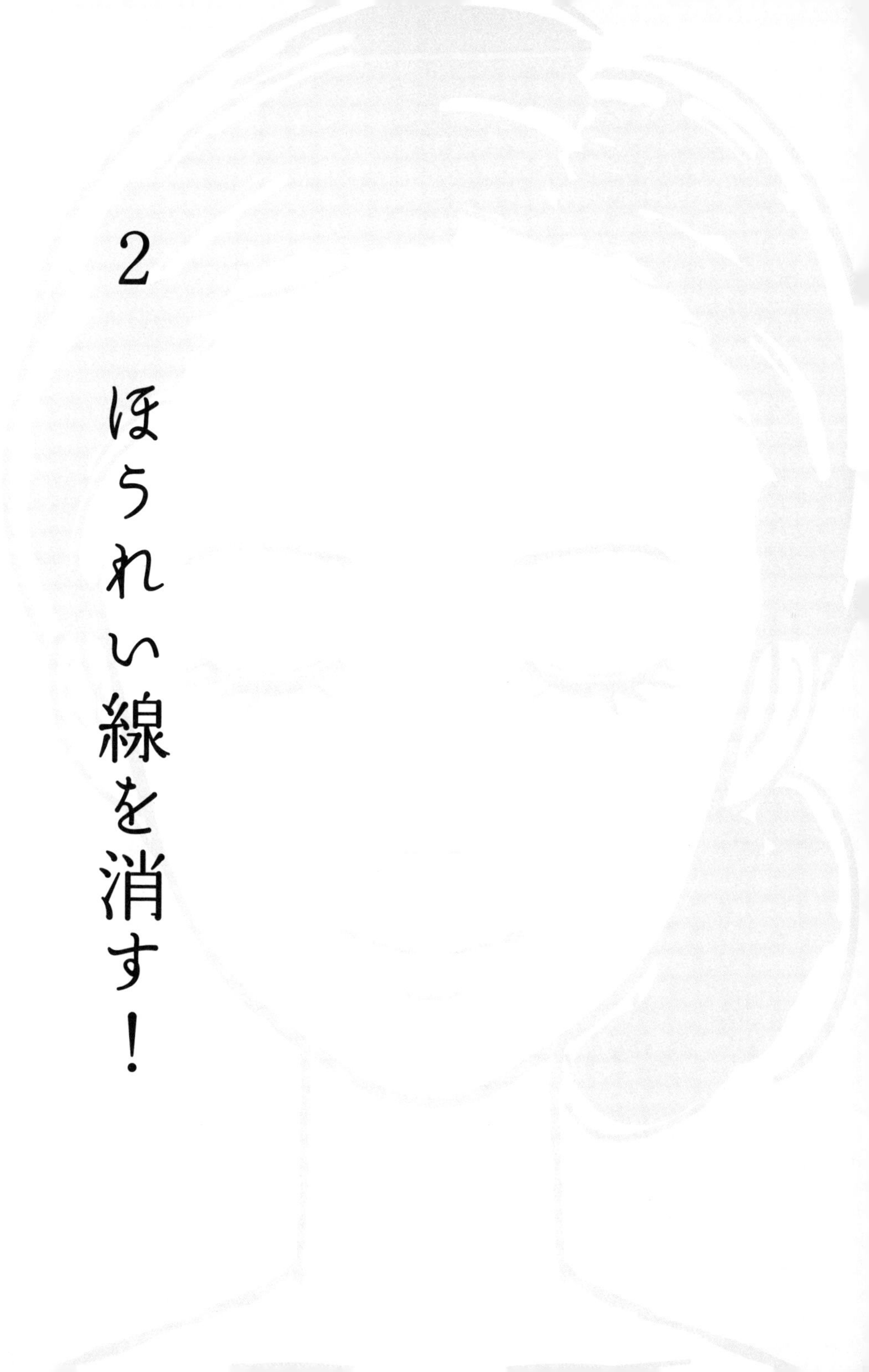

2 ほうれい線を消す！

この章では、ご自分で出来る、具体的にほうれい線を消すための方法についてご説明していきます。

ほうれい線の直接の原因は、表情筋と呼ばれる顔の筋肉のたるみです。

○お肌や目の乾燥
○頭皮や体の筋肉が固くなって血行が悪くなっていること
○骨格がゆがんでいること
○加齢によるお肌の弾力低下

など、さまざまな要因が複合的にからんで、顔の筋肉がたるむと、ほうれい線ができてしまいます。

筋肉はつながっているし、骨や表皮との関係もあるので、「これだけやればいい」というものはないのです。

あまり数多くご紹介しても、「どれをやればいいのかわからない」「全部こなすのは難しい」という思いを抱かれる方が多いのでは?と考えました。

そこで、この本を手にしたすべての方にやって頂きたい、すぐに結果が目に見える
「3《スリー》ラピッド・メソッド」（ラピッドとは「すぐに」という意味です）
を最初にご紹介することにします。

顔の見方――効果を実感するために

貴女は、自分がどんな顔をしているか、知っていますか？

写真に撮られるのもイヤ！
顔を洗ったり、メイクをしたりする時、鏡に映った自分が見えるのもイヤ！
久しぶりに鏡に映る自分を見て、ずいぶん老けたなあ、疲れた顔をしているなあ…
こんな気持ちになったことは、ありませんか？
もしかしたら、今がそんな状況かもしれませんね。

さあ、勇気を出して現在地をしっかり確認しましょう！
「3《スリー》ラピッド・メソッド」の効果がわかるように、始める前に自分の顔をしっかり見てください。

顔の見方10個のポイント

1. 額の高さと幅
2. 左右のバランス
3. 目の形、目尻の位置と高さ
4. 瞼の状態
5. 小鼻の広がり（左右の鼻の穴の大きさを見る）
6. 頬の幅と頬の長さ
7. 口角の位置
8. 顎のたるみ
9. 頬や顎のフェイスラインのゆがみ（左右の頬骨を指で押さえて位置のズレを見る）
10. どこにどんなシワがあるのか

確認できましたね？
しっかり今のありのままの自分を受け入れてください。

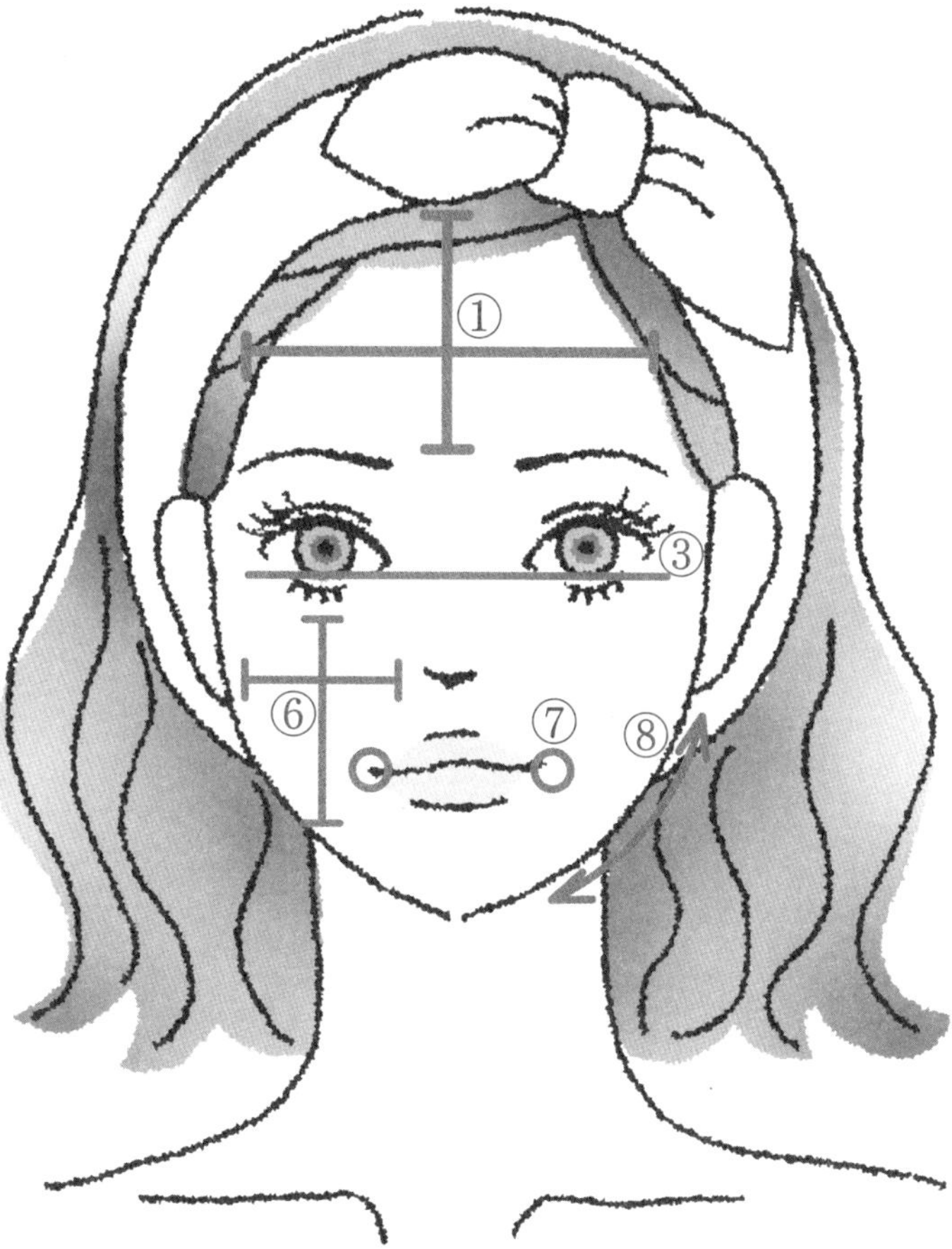

3《スリー》ラピッド・メソッドで、すぐに変わりますよ！


自分の顔は見慣れているので、変化に結構気づかないこともあります。

携帯の写真で良いので、必ず今の自分の顔を撮っておいてください。

（自分で撮るときには、腕を「前にならえ」のようにまっすぐに伸ばして撮ってみてください）


本当に変化があるの？と思う方もそうでない方も、**まずは半顔で試してください。**

メソッドを顔の半分だけに行ってみましょう。


お顔は左右対称でない人の方が多いです。

どちらかの目が小さかったり、眉の位置も頬骨の高さも違います。

必ず鏡で見て、どこがどうなっているのかを確認してください。


さて、左右どちらをやってみましょうか？

「こちらの半分の方がほうれい線が深いし、長いから、そちらから！」

など決めて取り組んでみてくださいね。

まず、その場での変化が感じられるはずです。

3《スリー》ラピッド・メソッドを施した方に効果が表れるという形で。

また、肌表面は三日で変化を感じられますから、この変化がわかれば、

三日、また三日とやってみてください。

3《スリー》ラピッド・メソッドの一つ一つを三日ずつやってもいいですし、三つのレッスンをいっぺんにやってみても構いません。

自由な組み合わせで構わないので、あなたのペースで続けてみてくださいね。

あなたを劇的に変える「3《スリー》ラピッド・メソッド」

①コットンパック（水分補給）

お肌には、なんといっても水分補給が大切です。

乾燥している紙をくしゃくしゃにすると、しわになります。

濡れている紙をくしゃくしゃにしても、伸ばすとしわになりません。

このように水分がたっぷりの肌は、しわになりづらいのです。

人間の体というのは、半分以上水分でできています。

赤ちゃんのころには胎児が90％、新生児が約75％、子どもでも70％が水分でできています。大人になると、成人で60～65％、老人になると50～55％まで落ちると言われています。

つまり、**老化するということは、水分がなくなっていくということ**なのです。

さらに、「たるまない肌」を作るにも水分補給が重要です。

しかし、肌の上で化粧水をつけても、ほとんどの水分が蒸発してしまうのです！

化粧水スプレーで水分補給をしているつもりでも、かえって蒸発することで肌の水分を奪われることも…。

ですから、コットンパックで、しっかり水分補給をしたあと、保湿のクリームや乳液、オイルをつけましょう。

コットンパック

朝、顔を洗ってすぐにクリームや乳液、美容液などを一度顔に塗ってから、コットンパックを貼っていきましょう。

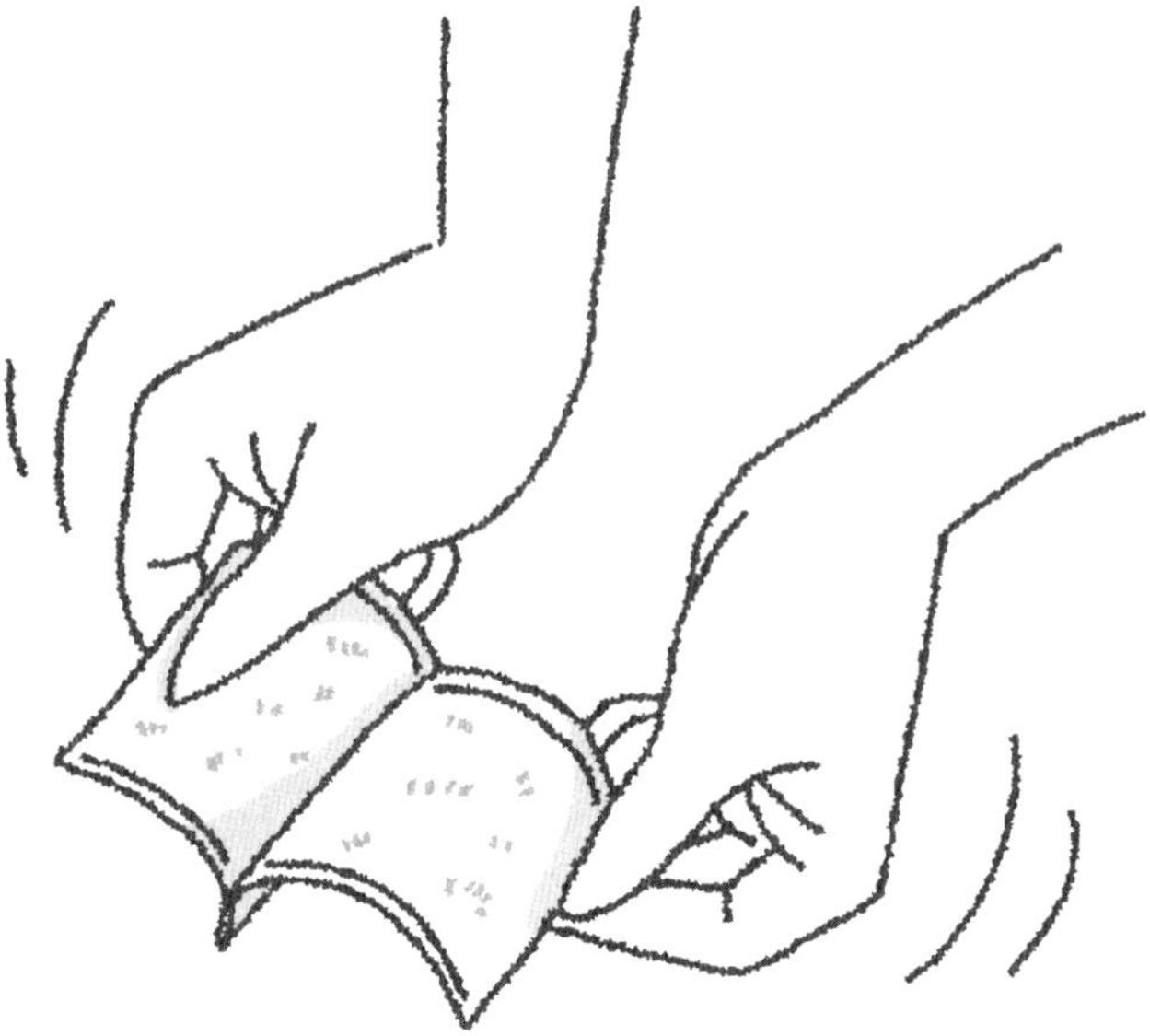

1 コットンを用意します。

コットンの端が閉じていないものがお薦めです。

なぜなら、コットンを半分に割いて肌に載せることで、顔に密着しやすくなるからです。

2 お皿の上にコットンを置いて、水に浸します。

・どんな水が良いのか?
私は長年、水の研究をしてきたので、コットンパックに使う水には、こだわっています。

ここでは、皆さんの身近にあるもので、お伝えします。

それは、精製水、ミネラルウォータ

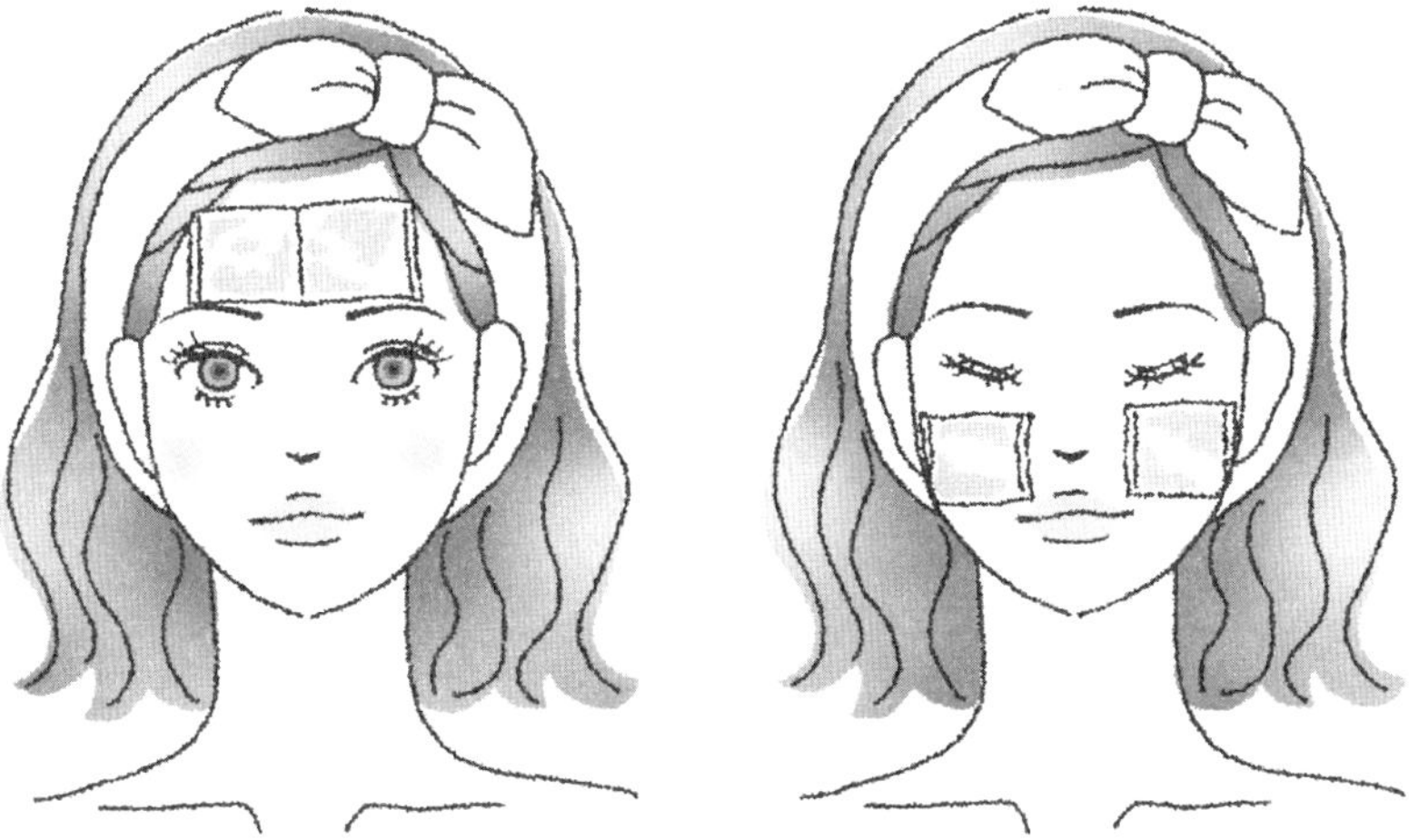

ー、天然水などです。

水道水にはカルキなども入っているので、できれば使わない方が無難です。

3 **コットン全部が水に浸るようにします。そのコットンを、額、頬に貼ります。**

水が滴るようでしたら、首にタオルを巻いてください。

この時にコットンが重くて顔からはがれてしまう方は、コットンを薄く半分にして貼ってください。

2、3分で驚くような効果が出ますので、ぜひ試してくださいね。

「ながら〜」で貼ってみてください。

朝食を作りながら、お弁当を作りながら、洗濯しながら…など、朝のちょっとした時間にコットンパックをしながら過ごしてみてください。

他にも、仕事が終わって、化粧直しの前、飛行機の中、新幹線など移動の時などにも。

私は、車の運転中などにも頬やおでこにコットンパックをして、サングラスをかけています。

きっと、肌がピンとして、メイクしたときも、違いを感じられるでしょう。

メイクの上からも、貼ってみてください。

その違いに、驚きますよ。

②エネルギー注入

コットンパックのあと、普通のクリームやオイルなど保湿する時にやっていただきたいのが、自分の手を使った「エネルギー注入」です。

「手のエネルギーって何？」と思ったあなた。

小さいころを思い出してみてください。

お腹が痛いとき、お母さんが手を当てて「痛いの、痛いの、飛んでけー！」と言ってくれたら治った、あるいは痛みが軽くなった経験はありませんか？

寝るときに、背中をさすってもらったり、ポンポンと軽くたたいてもらったりした時の安心感。頭をなでてもらったあの「手」の感覚です。

そのお母さんの**「手当て」**がまさにエネルギー注入なのです。

かわいいわが子が痛みに苦しんでいるとき、少しでも楽にしてあげたい親心が、手からエネルギーになって体の中に伝わり、痛みを軽くしてくれているのです。

そのエネルギーは、いたわりと愛情のエネルギーともいえます。

「誰もやってくれな〜い」ではなく、大人になった今、自分の手でその愛情のエネルギーを、自分自身にたっぷり入れてあげましょう。

朝晩のお肌のお手入れをするときのほか、ちょっと一息入れたいときや、疲れたとき、精神的ダメージを受けたときにするのもおすすめです。

気持ちが落ち着いて、「大丈夫！」と思えるようになりますよ。

自分にありがとう

いつも自分のお顔のお手入れをしているときに、何を考えていますか？

今日の予定は？　あれもやらなきゃ、これもやらなきゃ。

どうしよう〜と心配や不安。あの人のあの態度、あの出来事がいやだったな。

などなど、人は無意識で頭の中で会話をしています。

それだけ**自分のことを見ていない**のです。

ここでは、1日の少しの時間、**自分のことを触る時だけでも自分に意識を向けてい**

くことをお勧めしています。

自分を褒める言葉、嬉しい言葉を心の中で唱えてください。自分に声をかけてあげましょう。

1

右側の半顔をやってみましょう。頬を包むようにして触れます。心を込めて声に出したり、心の中でつぶやいたりして、自分に声をかけていきます

「○○ちゃん（自分の名前）頑張っているね」
「○○ちゃんありがとう」
「○○ちゃん大好きだよ」

（朝バージョン）
「○○ちゃん、今日も1日よろしくね」

2
次に、左手の人差し指が右のほうれい線を上げるようにして手のひら全体で顔を包み込むようにします。

3
右手は目の横からおでこまで包み込むようにします。

4
自分に心の声をかけます。

5
左右を入れ替えて反対側も同じようにします。

③笑顔のエクササイズ（表情筋の体操）

笑顔について――ほほの表情筋のリフトアップ

ほうれい線は英語で「Smiles line」笑顔の線と呼ばれています。

喜怒哀楽の表情が豊かに顔に表現されるとき、表情筋が動かされています。

表情筋は他の筋肉と違って、皮膚に付着して微妙な動きをするのが特徴です。

これはすべて、顔面神経によって成り立っています。

また、喜び、楽しさからくる笑顔が、表情筋を最もたくさん動かしているといわれています。


最近、常にマスクをかけている女性が増えてきていると聞いています。もちろん風邪気味、花粉シーズンなどの時は仕方ありませんが、肌や顔を隠すための「マスク依存」は要注意。

他者の視線がないところでは緊張感をなくして、表情筋がどんどん機能低下していき、〝老け顔〟が加速してしまいます。

笑顔のエクササイズで鏡を見る回数を増やして、日常の中で笑顔を意識していきましょう。

なによりも、笑顔が多い人は可愛らしくなり、豊かな人生を送っていることが多いです。

「口角挙筋」を使って笑う

人の笑顔は2種類あります。

一つ目は「笑筋《しょうきん》」を使った笑顔。

「笑筋」とは「い」と言うときに使う筋肉です。

「い」と言っているときには、首に筋が入っています。「い」の笑筋で笑うのは楽です。でもこれでは口角が下がって見えてしまい、残念。

無表情や口角の下がった不機嫌顔、うつむき顔は確実に「ほうれい線のもと」にな

美しい笑顔（口角と奥の筋肉を上げて笑う）

ります。

二つ目は、頬を持ち上げる筋肉を使った「笑顔」です。

その筋肉こそが、「口角挙筋《こうかくきょきん》」。

ちょうど頬の奥の涙袋からぶら下がっている筋肉です。

女優さんや歌手の方は、この筋肉を使って口角の上がった、見ている方に届く美しい笑顔や声の出し方を、日頃から意識しています。

私も歌を歌いますが、「発声」のときに使う筋肉でもあります。

3段階の笑顔

1

20%笑顔

20%の笑顔は軽い力で頬を引き挙げる程度に。いわゆる「微笑」の状態です。

知性を感じさせる笑顔です。

2

60%笑顔

60%の笑顔は100%より頬の力を少し抜いた状態。

優しさが漂うこの笑顔は相手に安心感を与えます。

3 100％笑顔

頬をできるだけ高く上げて、上も下も歯茎が見えず、上の歯が8本見えるのが最も美しい笑顔と言われています。

親しい相手に、楽しさやうれしさなどを伝える時の笑顔です。

顔の下半分、マッサージとエクササイズ筋肉をリフトアップ

口の周りの筋肉が衰えてほうれい線のみぞが深くなり、口角が下がってくると、鼻から上唇までの長さが長くなり、鼻の下の中央に出来る溝がなくなります。

するとどことなくぼんやりした口元に……。

うーいートレーニング

1
鼻の下の溝のくっきりとした口元に！
唇を前に突き出し、「うー」の形。
上唇を鼻の下に付けるように動かす。
両手を小鼻の横に当て、上唇だけを持ち上げる。
これを10回。

2
「うー」の上唇を鼻に近づける。
あごに力が入ってしまう人は指先を口角の斜め下に当てて抑える。また、「うー」から、「いー」は最大の笑顔。ほほの筋肉が持ち上がりづらい人は指で上げる。(前項「100％の笑顔」を参照してください)

アゴのマッサージ

フェイスラインの引き上げ。乳液・クリームなど滑りをよくするものをつけます。

1

顎に指をあてる。

2

手をすっとすべらせるようにこめかみの部分までもっていく。

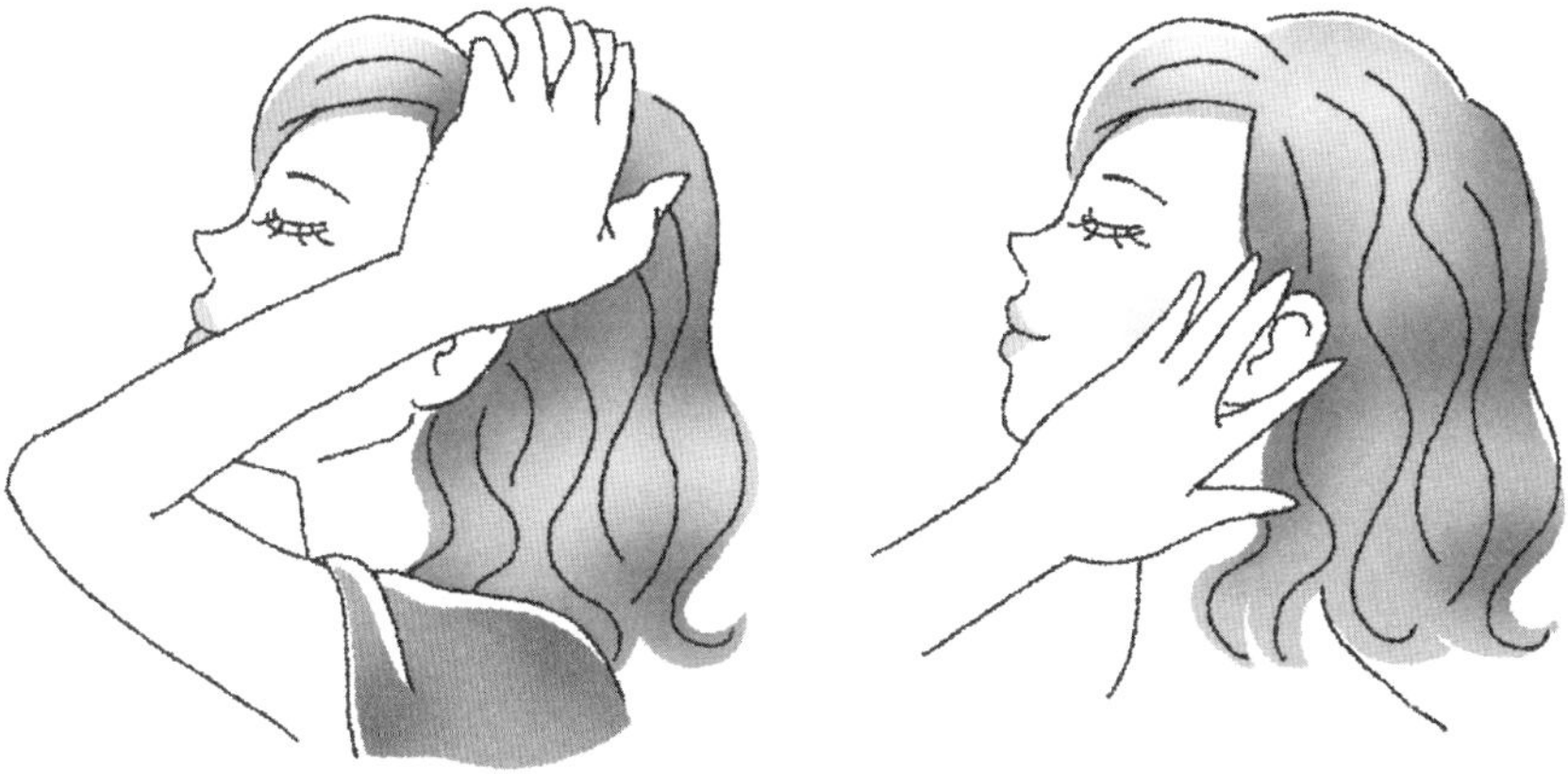

3

途中から人差し指を耳の後ろにやり、頭の上までもっていく。

デイリーメソッド

日々の生活に取り入れることで、お肌の血行がよくなったり、体を内側から整えるなど、ほうれい線改善に効果が期待できるのが、「デイリーメソッド」です。

まず、あなたにとって**最もやりやすいものを1つ、生活に取り入れてみてください。**

その生活習慣を1週間続けることができたら、2週目からは2つ目を取り入れ、また1週間たって3週目に入ったら3つ目を……というように、1つずつ増やしていくのもいいでしょう。

無理なく生活習慣が改善され、美肌が実現できます。そしてその習慣は、ほうれい線を消していくのです。

①姿勢

現代人の生活でスマホを使うようになったり、パソコンを使う時間が増えたりして、重たい頭を下に向けた状態でいることが多いです。

前かがみの状態が続き、ねこ背で肩が内側に入っている人が、多くなっています。

ウォーキング

なぜ顔の筋肉とウォーキング？と思われるかもしれませんが、引き締まったフェイスラインは、おしりの太ももの付け根の筋肉量と関係があるのです!!

車社会でない地域の人たちのほうが、二重あごの方が少ないように思えます。

それに、ストレスが多い社会、歩くことで、脳がスカッとさわやかになります。

ウォーキングをすることでドーパミンやベータ‐エンドルフィンといった快楽ホルモンが分泌されるからなのです。

すべては脳がつかさどっているのです。首にはリンパ、神経が通っていて、脳から全身に信号が伝わっていきます。人生がうまくいかないのは、脳の神経回路を正常に動かすための脳内ホルモンのバランスが崩れることによるものです。

そして、ストレスは真皮層のコラーゲン・エラスチンの繊維質を断ち切る原因の一つです。それは、たるみへと繋がり、ほうれい線の原因になります。

日常の中で必ず歩く時間があります。その時、**足の裏の感覚を意識する**ようにして歩いてみましょう。着地の順として、**カカト↓小指↓親指**へと体重をのせていきます。体が緩んでいる（緊張していない時）と、母指球に体重がのります。子宮など、内側（内てん筋）が刺激され、中心が決まりやすくなります。その結果、姿勢も改善されます。また、下半身の筋肉量が増えると、代謝が上がり、肥満になりづらく、老化、加齢とともに筋肉量が減少し全身血流のめぐりが低下するのも、防げます。

私は、早朝20分ほどのウォーキングや、ひと駅前で降りて歩くなどして、歩く時間を作っています。また、ウォーキングの先生に正しい歩き方を定期的に習っています。

正しい姿勢と適切なウォーキングは、ほうれい線が消える引き締まったフェイスラインを生みます。

②水

午前中に500mlの水分を摂る

夜、寝ている間は胃腸などの消化器官もお休みしています。

つまり、朝起きたときの体は断食明けと同じ状態ということ。

英語でbreak（破る）fast（断食）と言うように、朝食は「断食を破る食事」ですが、断食明けにいきなり固形物を食べるのは、体の負担になるので禁止されています。

また、朝は体が排せつにもっとも向いている時間帯でもあります。

だから、朝一番に口にするものは体に負担がなく、排せつを促すものがベスト。

「毎朝、コップ1杯の水を飲むといい」と言われるのは、こうした理由があるからです。

私も長いこと、寝起きにまずコップ1杯（200ml程度）の水を飲み、その後も5

時までの間にトータル1～1・5リットル水を飲むようにしています。

おかげで何十年も便秘知らずで、よほど疲れたとき以外、お肌の調子もいい状態が続いています。

水はできれば生《なま》の活力のある水や酸素水がベストですが、それが手に入らなければミネラルウォーターや湯冷ましでもかまいません。

寝起きに水を飲む習慣のなかった人にとっては、午前中に500mlの水を飲み切るのはちょっと大変かも知れませんが、できる範囲で続けてみてください。

やがて排泄のリズムが整って、美肌効果が表れます。お楽しみに。

水は、ほうれい線を消す調整役です。

③ 食

みなさんもご存知の通り、食べたもので、私たちはできています。食は、その人すべてを司っていると言っても過言ではありません。

肌の老化、たるみなどの衰えを加速させる原因は、食習慣と深い関係にあります。お肌に直接ふれる間違ったケアを続けることも原因ですが、お肌を作る「食」の占める割合は、大きいのです。

お肌も筋肉も血液もリンパの流れも、食べ物から出来ています。

そして、食習慣は、その人の習慣だけでなく、先祖代々、地域の慣習ともつながっています。

食習慣は、簡単に変えられるものではありません。

習慣を改め、継続していくためには、これまでの自分のくせを振り返り、なぜその嗜好《しこう》ができてしまったのか？という原因を知り、食習慣の根っこに何があったのかを理解することが、必要です。

最近は、腸内細菌がお肌・血液・脳・ダイエット方面まで影響を及ぼすといわれています。糖質制限やヴィーガンなど様々な食事方法と、それにまつわるお料理本やアプリなど献立・作り方に関する多くの情報が、行き交っています。

ここでそのすべてを書くことはできませんが、まず、これだけは、気を付けておきたいということをお知らせしていくことにします。

良質のオイル

ほうれい線が目立つようになる世代は、閉経を迎える更年期。女性ホルモンの分泌が少なくなる時です。肌の水分、脂肪が減少し、シワ、たるみが目立ってきます。そこで、三大栄養素の一つであり、女性ホルモンや脳や全身の細胞膜などの素材になる、オイルの選び方が、大切になってきます。

質の良い脂肪を食べ物から取るだけでなく、意識的に「良質のオイル」を生で直接取りましょう。

オイルの種類は、「オメガ3」エゴマオイル、アマニ油、MTCオイルなどを、私は、お味噌汁やコーヒー、紅茶など飲み物に数滴たらしたり、サラダにかけたりして取り入れています。

糖化は老化

お菓子や菓子パン、スポーツドリンクは要注意です。取りすぎると老化の原因になります。さらにふわふわのパンを食べていると、体までもふわふわして張りが失われ、頬が垂れる原因になります。食品の原材料の表示に「マーガリン」「ショートニング」「加工油脂」と書かれているものは、トランス脂肪酸が含まれており、脳や血管の老化の原因とも言われています。意識して取りすぎないように気をつけたいですね。

すべての体の器官の材料となるタンパク質が大事

肌の張りを保つために必要な栄養素はタンパク質です。

「私はいつも食べています」と思っている方もいるでしょうが、体重1kgに対して1日に1・2〜1・6gが必要です。例えば60kgの人なら1日に72〜96g。

肉や魚は、全体のグラム数の約20％、卵は30％、大豆は10％がタンパク質として摂取されます。ですから、360〜480gの肉魚換算量が必要になってきます。

目安として、毎食、片手の平にのる量の魚や肉類が必要です。加工肉などは、できるだけ避けたいです。

コラーゲン

ほうれい線の原因の中でも、「たるみ」によってできたものは、コラーゲンの崩壊、減少によるものです。

肌の奥、真皮層《しんぴそう》でこのコラーゲンが網目状になって、ベッドのスプリングの様に肌のハリや弾力を保っています。

このスプリングがたちきられると、そこに大きな落とし穴のようなものができ、深いシワとなってしまいます。

スプリングがたち切られる原因はさまざまで、主に紫外線、ストレス、喫煙、深酒などがあります。

深いシワを解決するには、「コラーゲン」をしっかりキープする必要があります。

コラーゲンを体の中でつくるには「鉄」「ビタミン」「タンパク質」これらの栄養が含まれている食事をしっかりとることをお勧めします。

コラーゲンは鶏の手羽先、鶏肉、鶏皮、牛すじ肉、軟骨、豚足、豚耳、魚の頭、魚のアラ、皮付きの魚、フカヒレ、エイヒレ、カレイ、サザエ、ナマコなどに含まれています。

疲れを取るクエン酸――ATCサイクルをまわす

玄米酢、リンゴ酢、梅干し、梅酢などを、食前に水で割って飲むといいです。

または食事に積極的にとり入れて、疲れの元となる乳酸をためないようにします。

私は、かれこれ25年、リンゴ酢と玄米酢に霊芝やプロポリスをつけ込んで3年以上熟成発酵させたものを、朝晩必ずグラスに1杯、生水で割って飲んでいます。

食べるタイミングや順番

何をどう食べたらいいのかについては、様々な見解があります。

私はお味噌汁やお吸い物、野菜などを先にとってからメインのお魚やお肉を食べるようにしています。

果物など生の酵素のあるものも、食前または食間や朝に取るようにしています。

歳とともに必要なのは、痩せることではなく、いかに上手に食べて、自分にあったものを知るか、自分の生活リズムの中での必要な食べ方を知ることです。

栄養学や知識やこれまでの家庭環境による習慣よりも、自分の体を活かせる食べ方を見つけることが大切です。


もっと言うと、自分の心の声に耳を傾けて、

「あー今日はこれが食べたい」

「今は、これが必要だ」

と、わかるような本能的な食べ方。

そんな食べ方ができたら、最高だと思います。


食事をとる時間、食べる順番、季節の旬の食材、何をどう摂取し、吸収し、消化し、排泄するかまでが大事になってきます。

食習慣は、ほうれい線を消す極意でもあるのです。

④ 入浴

お風呂

お風呂は最高のリラックスタイムです。

「湯船にお湯をためるのが面倒。シャワーの方が思い立ったときにサッと洗えて楽」

そんなふうに思って、入浴をシャワーだけですませていませんか？

一日の終わりにゆっくり湯船につかって体を温めることで、毛穴からジワジワと汚れが出てきます。きめ細かな肌を持つ私達日本人は、シャワーでは得られないデトックス効果が、湯船につかることで得られます。

さらに、血行がよくなって新陳代謝が促進されたり、一日の疲れが癒されたりといいこと尽くめなのです。日本という水に恵まれた国に生まれてきた特権を、ぜひ生かしたいものです。

つまり、**湯船に浸かることは、美容と健康にとって、とても重要**なのです。

お湯の温度は40度前後の心地よい温度にして10～15分入るのがベストです。

水道水に含まれている塩素は、肌や髪にダメージを与えます。

あら塩、お酒、ミカンやゆずの皮などを入れることで、塩素は、緩和させることができます。

この最高のリラックスタイムを有効活用して、髪を洗ったり、身体を洗ったりしながら、ほうれい線をなくすための効果的な方法を紹介します。

・シャンプーしながら

シャンプーをするとき、頭（顔）を下向きにしている人が、多いのではないでしょうか。頭皮と顔が下向きになってしまい、ますますほうれい線を深くしてしまいます。

ほうれい線をなくしたいと思ったら、顔を上に向けてシャンプーをしましょう。

また、頭皮と顔は、繋がっています。頭皮をお顔の一部だと思って、額の生え際から後頭部まで、頭皮マッサージをするようにやさしくシャンプーしてください。

頭皮の筋肉を緩めることで、血行が良くなり、フェイスラインもすっきり、たるみの解消になります。

お湯の温度が熱いと頭皮が乾燥しやすくなります。湯船の温度よりも低めの「ぬるいかな？」と感じるくらいの温度にしましょう。

1

顔をあおむけにして、片方の手で髪を額から後頭部にかき上げるようにシャワーのお湯をあてていく。

2

シャンプー剤を手に取り、よく泡立てる。（頭皮に直接たらして泡立てることは、決してしない！）

3

2を頭にのせ、左右の指をしっかり組んで、指の腹でマッサージをするつもりで、頭皮全体をシャンプーしていく。疲れているときは、やさしくなでるように髪をかき上げるように。その際、自分に声をかけてあげましょう（50ページ参照）。

・身体を洗いながら

湯船につかって身体が温まったところで、身体を洗う時にやさしく触れながら、自分の体に声をかけていきましょう。

「一日、お疲れ様。よく頑張りました。ありがとう」

そのような気持ちで身体に触れることで、とても幸せな気分になることでしょう。

さらに首、肩、胸、脇とリンパが流れるように**手で優しくなでてみましょう。**

首から下に大きなリンパが流れる道が、あります。

リンパの流れが良くなることで、フェイスラインの浮腫みがとれ、老廃物もすっきり流れていきます。そして、たるみが解消され、ほうれい線も目立たなくなります。

1

泡を手に取ります。右手の親指の付け根の母指球といわれるやわらかいところで、左側の首を耳下腺《じかせん》（耳の後ろ）から（胸鎖《きょうさ》乳突筋《にゅうとつきん》を）鎖骨を通って肩のほうに向けて流していきます。

2

左側の鎖骨のところを右手の人差し指と中指で鎖骨を挟みながら**ゆっくりやさしく**内側から、外側に流します。

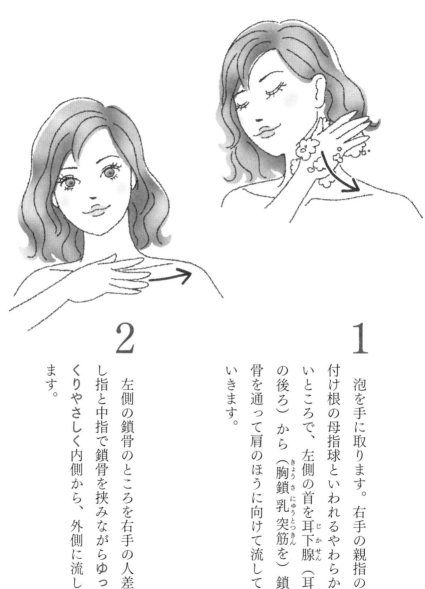

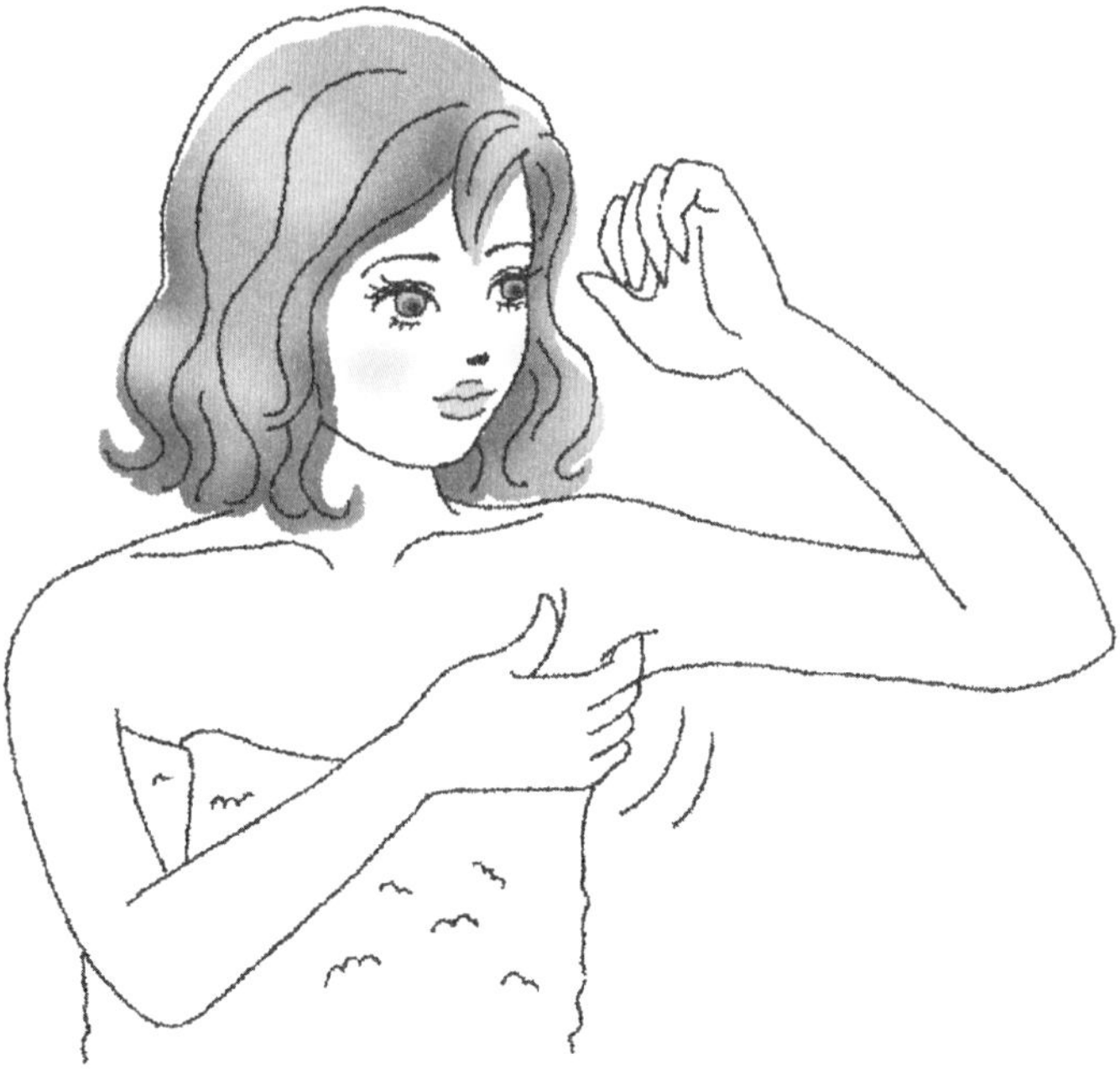

3

左側の脇の下に右手を入れて親でつまみながら、脇の横の筋肉をほぐしていきます。

それぞれ3、4回、老廃物を流してください。

反対側もリンパを流していきましょう。

全身に声をかけたり、優しく手で触れたりしながら洗うことをお勧めします！

入浴は、ほうれい線を消すリラックスとトリートメントの一石二鳥の時間でもあるのです。

⑤ 洗顔《クレンジング》・保湿

正しいクレンジングや洗顔の仕方

クレンジングとは、その日のメイクや汚れをきちんと落とすこと。

洗顔とは、お肌を清浄な状態にすることです。

この2つを正しい方法でマッサージするように行なえば、血行がよくなって顔の色つやは各段にアップ！

ファウンデーションがほとんどいらないくらい、美肌になることができる上に、ほうれい線も目立たなくなっていきます。

そこで大切なのは、「手」です。

クレンジングも洗顔も、まず「手」を清潔にすることから。

手の汚れを先に落としましょう。

クレンジング材も洗顔料も、両手のひらであたためながら広げ、手のひらで顔全体を包むように、やさしく、ゆっくりと動かしましょう。

今まで、たくさんの人の顔に触れてきて、色々な結果を導いてきました。

その経験上、顔は強くこすったり、強い刺激を与えると、かえって痛んだり、硬くなったりしてしまうことがわかってきました。

優しく触れるほうが、お肌がよみがえります。

ぜひ、自分の顔で試してください。

洗顔（クレンジング）後の塗布の仕方

コットンパックで水分補給をしたお肌に、次はオイルやクリームで保湿していきます。

・ローションは「つける」のではなく肌に「入れ込む」つもりで！

洗顔後、ローションを手に取り、ささっとつけて「これでＯＫ！」と思っている人はいませんか？

それだけではローションの保湿成分で、お肌を潤すことは難しいかもしれません。

むしろ乾燥させてしまうことにもなりかねません。

ローションは「つける」のではなく、お肌の中に**「入れ込むもの」**という意識を持っていただけたらと思います。

とはいえ、お肌に入れようとして無理にたたきつけるのはNGです。

まず、手のひらのくぼみにたっぷりローションを取り、もう一方の手のひらでふたをするように合わせて、ローションを手の熱で温めていきます。

手になじむ温度まで温まったら、やさしく顔を包み込むようにして、じんわりと手のひらで押さえながら入れていきましょう。

この時に、手が冷たい人はあらかじめ手をお湯につける等して、手を温めてからの方が効果がアップします。

そしてこの時も、**3《スリー》ラピッドメソッド**の②と同様に、自分にやさしく声をかけながら、お肌を大切に扱ってくださいね。

クレンジングやローションをつけるという、何気ない日常の動作を、意識して心を込めて自分を大切に扱うだけで、ほうれい線は消えていくのです。

1

両手で顔を包み込むように、頬、目に触れます。全体に3秒くらい包み込みます。

2

そのまま少し上に移動して、額の生え際に中指が届き、手のひらで目を包むように触ります。

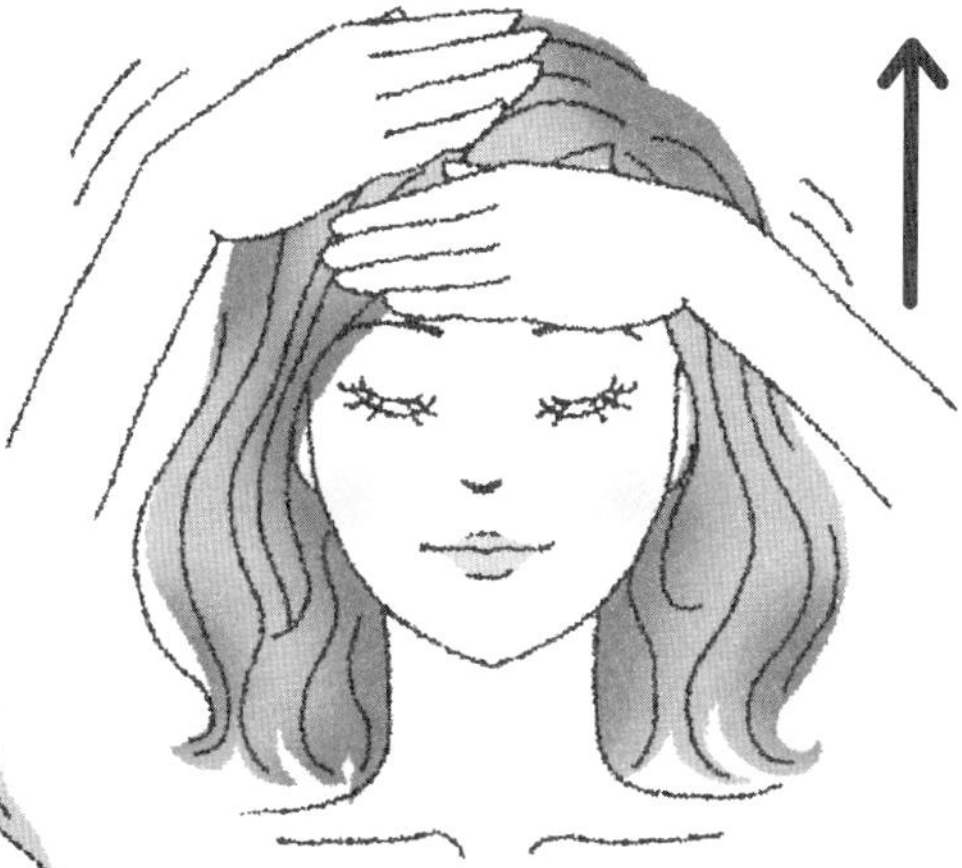

3

額を片手ずつ手のひら全体で包み、眉毛から生え際に向かってゆっくりと動かしていく。右手、左手と順番にゆっくりと動かす。（3～4回）

4

こめかみを手のひらで包み込むように触れます。

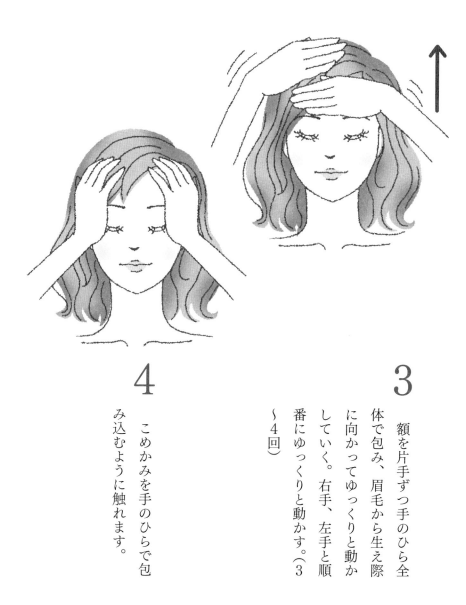

5

そのまま下に移動してフェイスラインの頬をつつみこむように触れます。

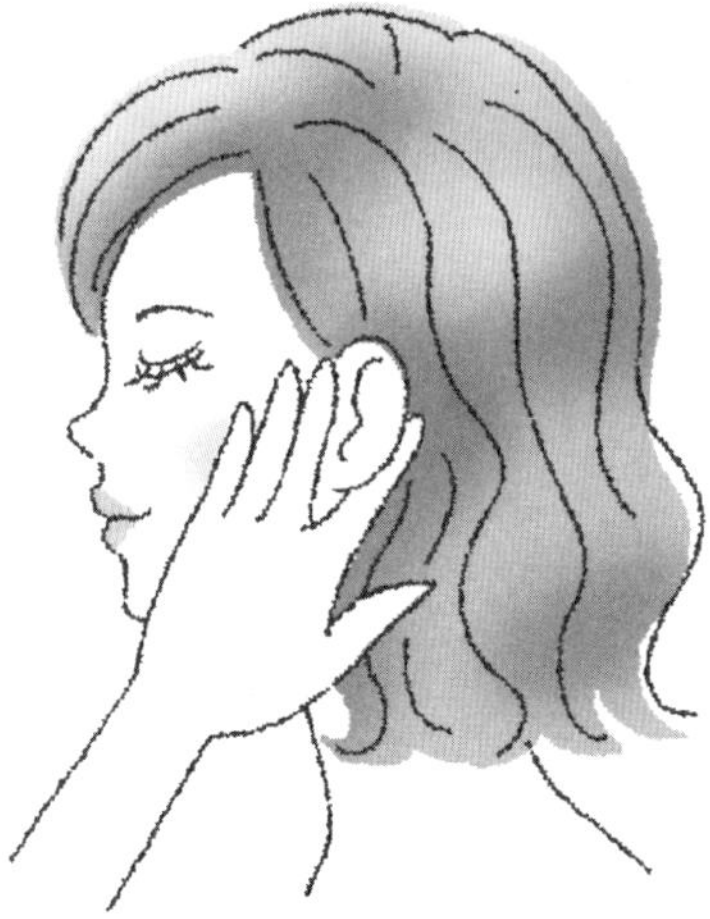

6

耳の横を人差し指と中指でVを作りあごもしっかり包み込むように触れます。

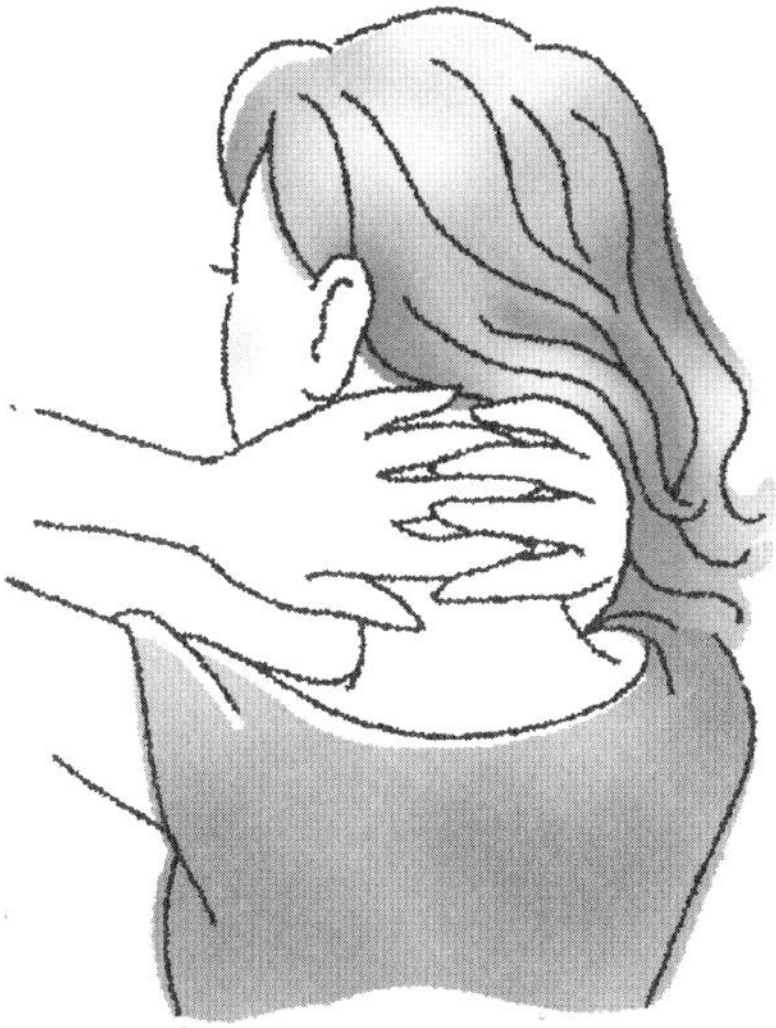

7

次に首です。顔を上に向けて片手ずつ首を上から下へなでます。

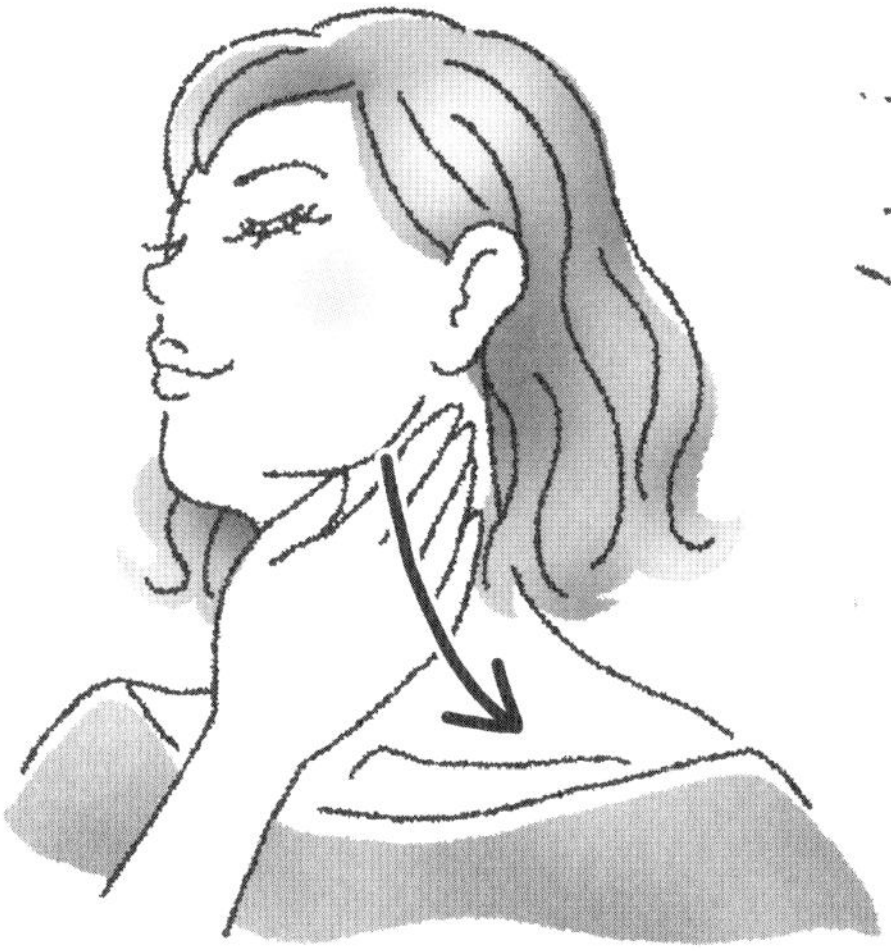

8

首の後ろ生え際も触れます。

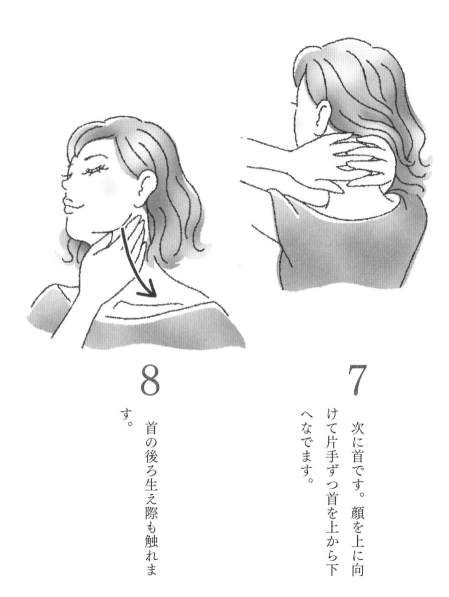

⑥
目

目の疲れによって、目の周りの筋肉や頭を支える筋肉が緊張し、頭皮が固くなって顔のたるみの原因になります。
目をよく使う人は、こまめに疲れを取るようにしましょう。

目に感謝

机などにひじをつき、目を覆うように手のひらに顔を伏せ、ゆっくり「ありがとう」と自分に語りかける。このとき、目を圧迫しないようにすること。2、3回繰り返す。

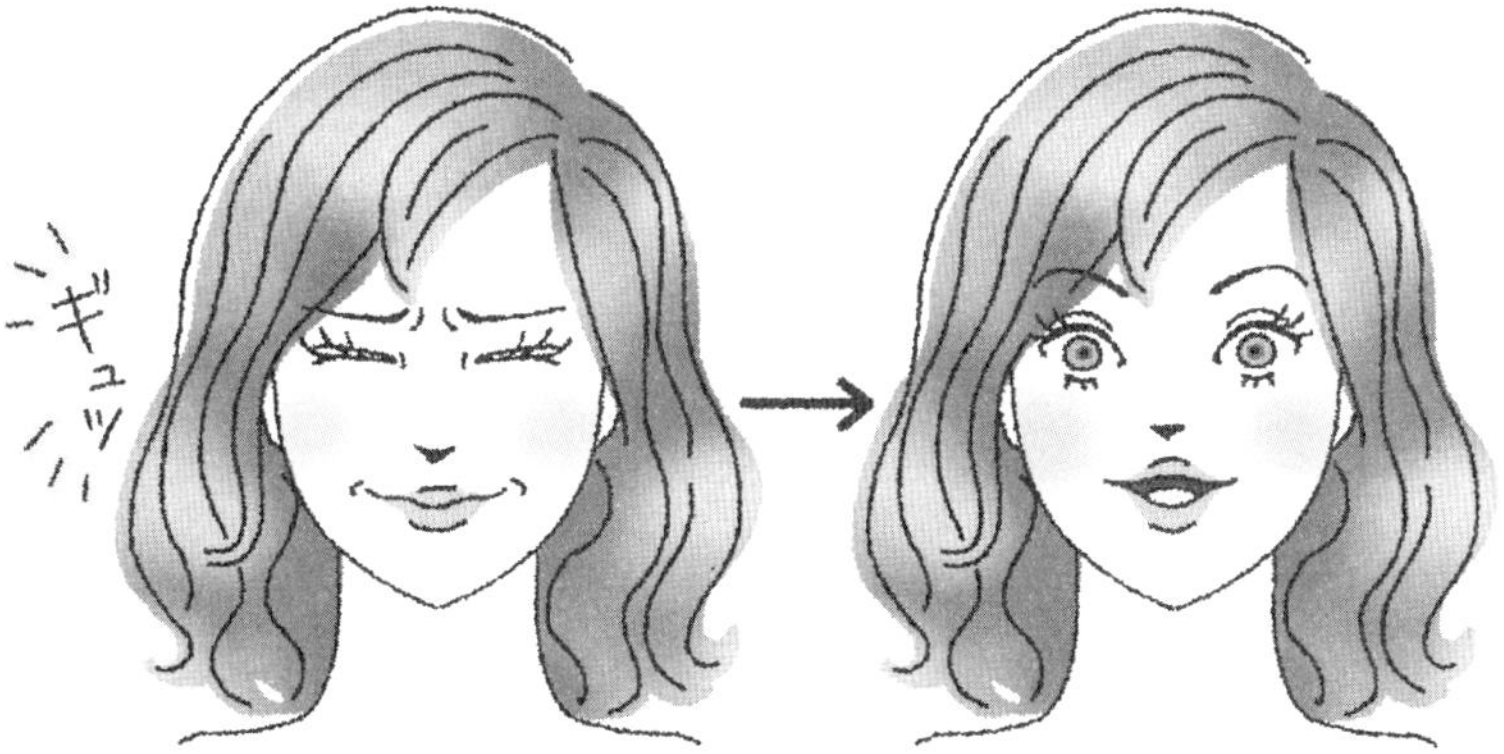

まばたきのストレッチ

眼球を囲む筋肉「眼輪筋」の衰えは、ドライアイや下まぶたのたるみの原因。まぶたをぎゅっと5秒閉じ、パッと見開くことを繰り返す。（このとき口も「パッ」と一緒に動かした方が、やりやすいです）

眼球回し

1　上下左右斜めに動かす
目を動かした後、いったん正面に戻す。

2　ぐるりと眼球を回す
眼球を上から右回りに一回転。
左回りに一回転させる

3　目を休ませる
10秒ほど目をつぶって眼球を休ませる。

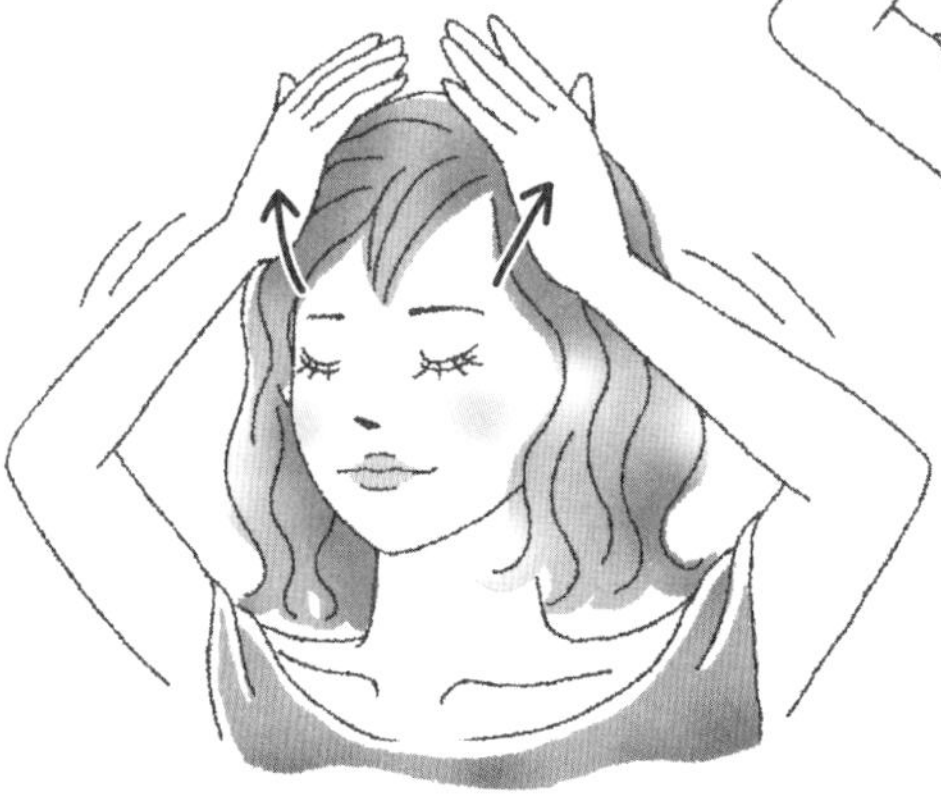

側頭筋のマッサージ

1 こめかみに手のひらの下の部分をあてる。

2 2回クルクル外側に回し、3回目で頭の上に引き上げながら手を頭の上で抜く。

※目が引きあがるほどに力を入れるのは、やりすぎ。ほうれい線が、ちょっとひきあがっているのが正解。

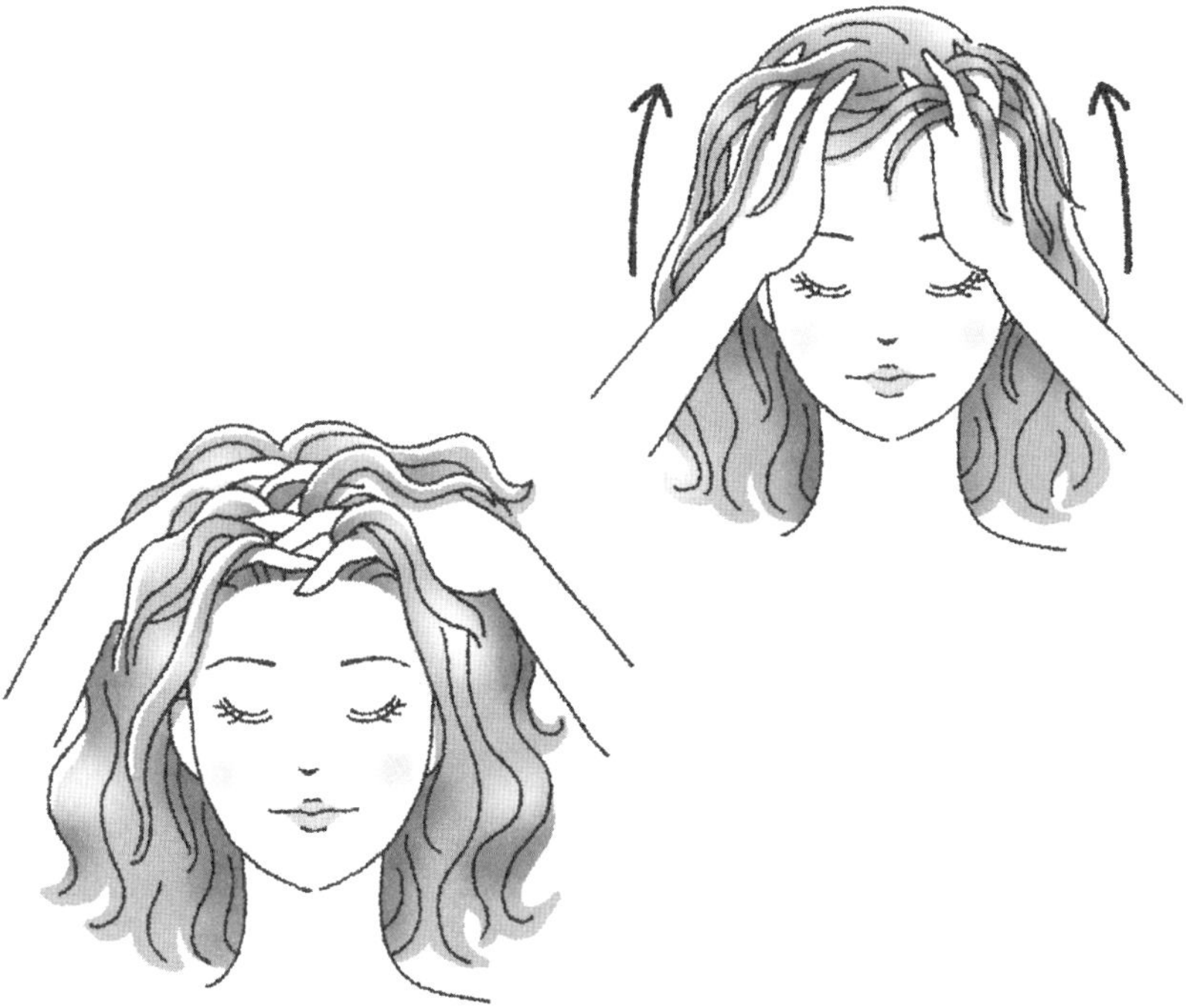

3

頭皮まで手の指の腹で櫛のようにおでこから頭頂部に向かって優しくなでましょう。頭頂部では自分の手の先がクロスするようになります。

※これは夜寝るときに体を寝かせてすると、腕がだるくならずに、やりやすいです。

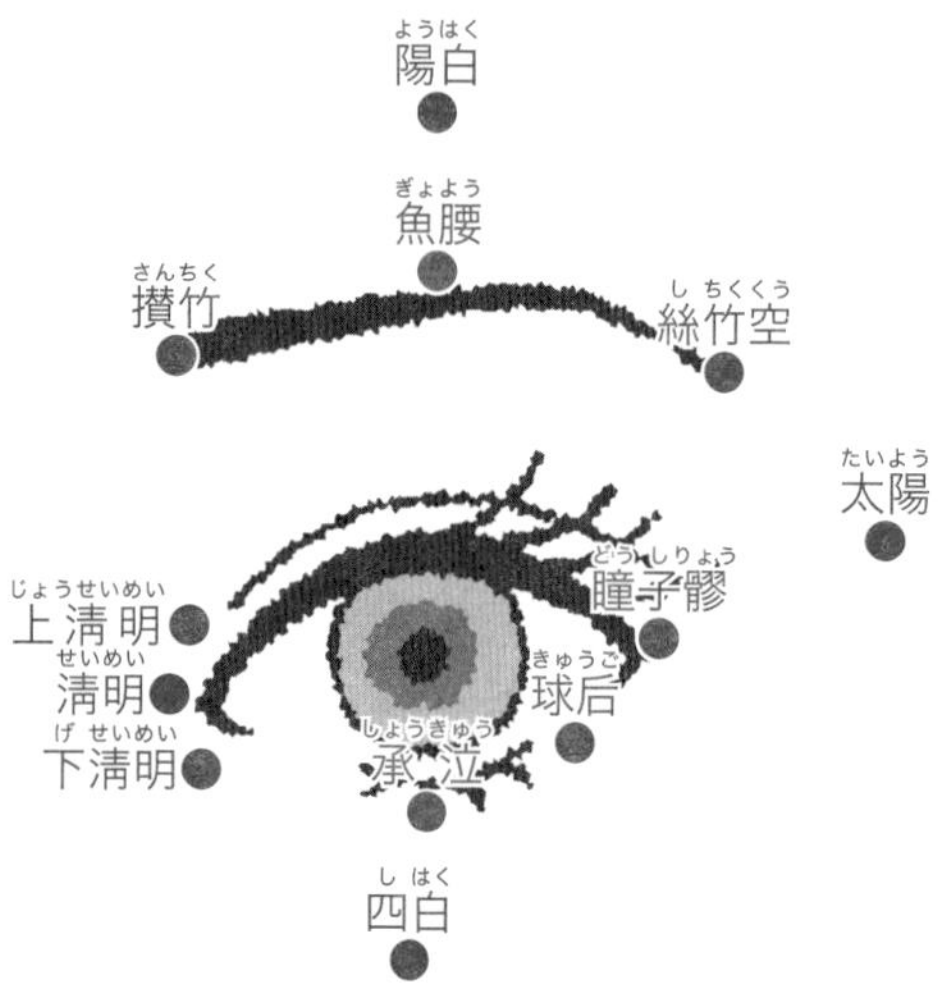

目のコットンパック

コットンパックをする冬場や夜などは、ぬるま湯に浸したコットンを貼るのもホッとします。目の上に貼ると、視界が開けた、明るく見やすくなった、目じりが上がった、などの効果を感じる人もいます。

目のまわりは、ツボだらけです。ツボを軽く押す、またはホットタオルであたためる。とても皮膚が薄いところなので、こすったり、強い刺激を与えないように気をつけましょう。

両手でエネルギーを入れ、「ありがとう」「大好き」など自分の気が休まる言葉をかけてあげましょう。

目の疲れを取り、癒すことは、ほうれい線が消える早道なのです。

⑦ 睡眠

ほうれい線と睡眠が関係あるの？と思う方もいるのではないでしょうか。

実は、そこには深い関係があります。

あなたは、ストレスが多い生活を送っていませんか？

ストレスは万病のもとと言われますが、ほうれい線の原因ともなっています。

ストレスから真皮層のコラーゲンやエラスチンが消滅し、張りがなくなり、重力に負けて頬がたるむことによって、ほうれい線ができやすくなってしまうという関係性があります。

肌は、内側から再生されていきます。

肌細胞の修復を促す成長ホルモンは睡眠中に分泌されているので、睡眠には、人を成長させるだけでなく、体力、体調を回復させる力があるのです。

睡眠は質がとても大切。

皆さん、身体が横になっている間、寝ていると思っています。しかし、睡眠はその深さによってホルモン分泌が変わってきます。横になっているだけのような浅い眠りでは、目覚めたときに、なんだかまだ疲れているというようなことが起こるのです。

本来寝ている間に、交感神経から副交感神経に変わるべき神経が、変わりづらくなっているのが原因です。

つまり、自律神経のバランスが乱れているのです。

寝る前の過ごし方を変えるだけで、睡眠の効果を得ることもでき、ほうれい線を消すことができます。

睡眠の質を測定できるアプリで、自分の睡眠を調べてみるのも良いと思います。

それでは、次に寝具や寝る前の過ごし方で、より良い睡眠を得られるようアドバイスしていきましょう。

寝具

自分が心地よいと思える寝具を選んでください。気持ちが「快」になるような状態が望ましいです。そして、枕の高さが体に合っていることも大切です。

理想の枕の高さは頭と体が水平になる高さと言われています。首から頭のカーブを基準に選んでみましょう。また、バスタオルなどで高さを調節することもできます。何枚か重ねながら、呼吸が楽にできる「高さ」を探してみるといいですね。

枕カバー・シーツなど布は、一日の疲れの気を吸うのでこまめに取り替えましょう。

寝る前の過ごし方

私の主宰しているメソッドの一つに「寝る前の過ごし方」のレッスンがあります。

一日の終わりに、感謝をノートに20項目書き出します。20項目書くのが難しい場合、一日を振り返り、良かったこと、嬉しかったことなど、3つくらい思い出しながら眠りにつくといいです。

脳は寝ているときにその日にあった出来事のデータを処理、分類していると言われています。寝る前に今日一日を振り返って、その日の出来事をどのように感じて寝るかがとても重要です。

寝る前の1時間は、スマホやパソコンを見ないようにしましょう。なぜなら、ブルーライトが交感神経を刺激して、副交感神経に切り替わりづらくしてしまうからです。

布団に入ってからは、**呼吸を整えましょう。**

寝ながら肋骨のところに両手を当てます。鼻で息を吸い、口から吐き出します。（年齢を重ねるにつれて、肋骨が開いてしまうので、両手で少し肋骨を中に入れるイメージをしながら）

また、横隔膜のところには感情がたまりやすいと言われています。いらなくなった感情を呼吸と一緒に吐き出していくイメージで、深呼吸しましょう。

「今日も一日ありがとう。」「明日もいい日です。」と言葉にして安心をイメージして、眠りましょう。

・自律神経が整うプッシュ・フォーム

寝る前に布団の中で呼吸を整えながら、顔にあるツボに手を当ててみましょう。

これは私のサロンでしている「OTEIRE（お手入れ）」の手技の最後に行う、顔のツボに気を入れる「プッシュ・フォーム」と同じです。

すべてをリセットして「0《ゼロ》」にするような感じです。施術を受けているお客様は、この「プッシュ・フォーム」でさらに深い眠りに入っていきます。

このツボを自分で触れることで、質の良い睡眠に入っていくことができるでしょう。

1
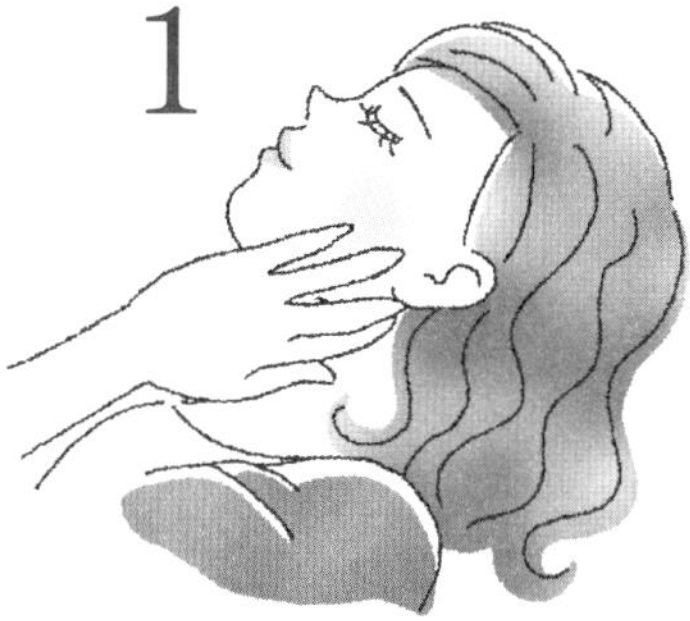

2

3

プッシュ・フォームのやりかた

1. 耳の付け根に中指をあてます。手のひらはアゴに添えます。そして**↓呼吸**は鼻で吸って口から吐き出します。

2. 口角に左右の中指を当てます。**↓呼吸**

3. 小鼻の横に左右の中指を当てます。**↓呼吸**

5

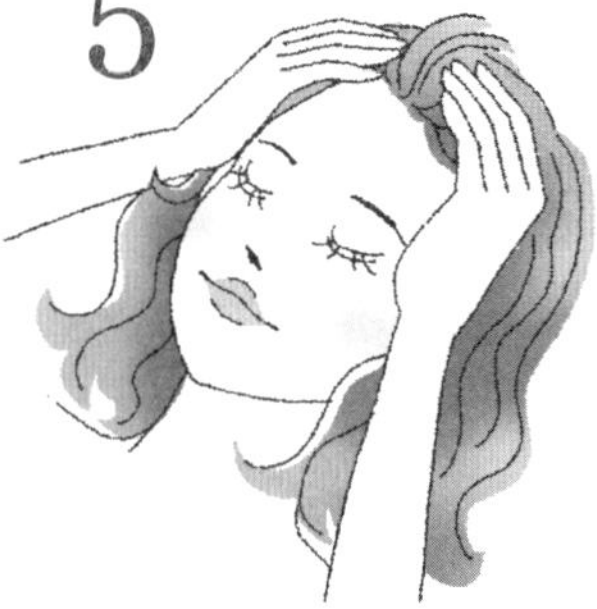

6

4

4．目のツボはプロでもなかなか難しい場所なので、目を閉じて瞼のところに手の指全体で覆うようにのせる。この時、手の平も頬につけます。↓呼吸

5．そのまま手を外側にずらして、指がこめかみのところにくるようにします。↓呼吸

6．そのまま指で登頂まで動かします。登頂の百会のところに中指を当てます。↓呼吸

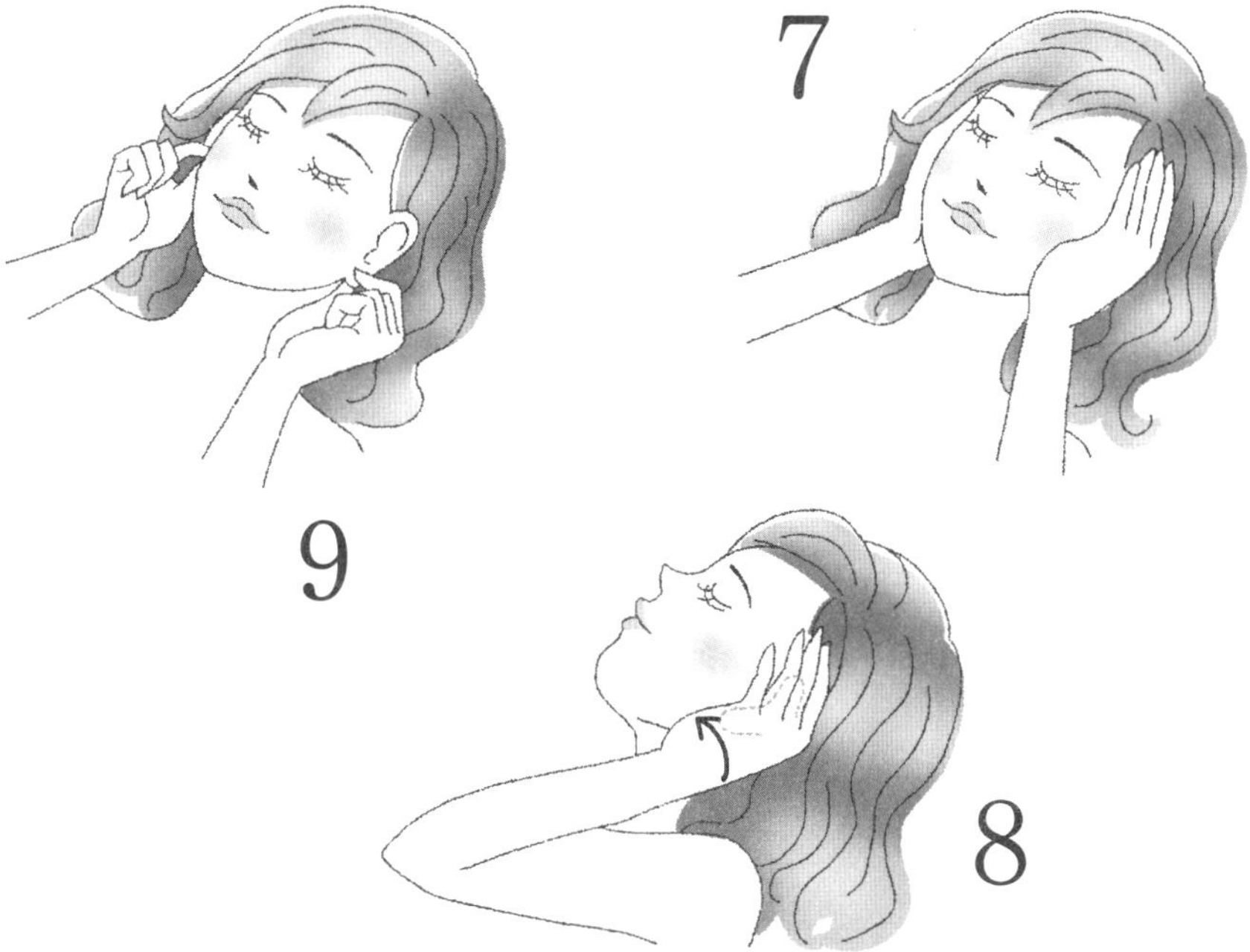

7．耳を両手で覆います。↓呼吸

8．耳たぶを耳にかぶせて手で覆います。↓呼吸

9．耳たぶを優しく触ります。

大の字で伸び伸び寝られるといいですね。

質の良い睡眠は、一日の疲れやストレスをリセットしていく、「ほうれい線を消す究極の作法」です。

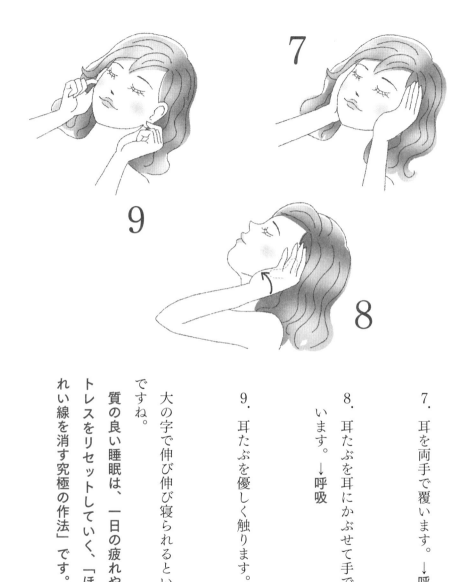

3 心を美しくする

ほうれい線を消したいと思ってこの本を開いて下さった読者の方に、ここからは、ほうれい線だけでなく、**お肌のお手入れには一体どんな意味があるのか**と、普段あまり考えたことがない世界までお連れしたいと思います。

「いやいや、ほうれい線さえ消えれば、難しい話やうんちくは結構です」

と、思われる方もいるかもしれませんが、手段や方法だけでなく、その背後にあるセオリーを知って認識を高めると、効果は更に高まり、バッグンな結果をもたらすようになるので、目からウロコが落ちるようなここからの内容を、じっくりと読んでいただきたいと思います。

肌は心

※参考文献『皮膚という「脳」』（臨床発達心理学士・桜美林大学准教授 山口創、東京書籍）

「肌は心、お手入れは意識を高次元へと導く作法」。

こんな風にエステが持つ本当の意味に目覚めたのは、1994年に私が息子との関係を魂のレベルで受け入れた、スピリチュアルライフから始まりました。

ハワイから来たチャネラーのセッションで、
「あなたと、あなたの息子さんは、何度も何度も一緒に転生を繰り返している。」
こんなことを言われました。
過去世での縁など証明できないし、その時代に戻って見てくることもできないのですが、なぜか、その言葉が私の魂の真実に触れた感覚があり、「そう、その通り」と、ただ素直に認めることができました。

真実の波動というものは、どんなドラマチックな出来事よりも強く、心に響くものだと思うのですが、その時から、私の人生は今までよりもスピリチュアルな見方、感じ方をするようになったと思います。

それまでの私は、東京の受験校からアメリカはシアトルの大学に留学し、プログラミングやマネジメントの勉強をする、普通の女の子。

でも、アメリカ英語を流ちょうに話すちょっと変わった子というイメージだったと思います。

私は、とにかく何か仕事をしていくのだ！と強く思っていましたが、子供のころに持った「教師になりたい」という夢も一度しぼんでしまった後でしたし、強い目的意識をもって生きていたわけではありませんでした。

この夢のお話については、またあとで詳しくお話しすることにしますので、ここでは先にお話を進めることにしましょう。

結婚願望も全然なし

なぜか、私は、付き合う男性からは日本人であれ、外国人であれ、必ず「結婚してほしい」と言われ、「なぜ、私が結婚なんかしなくちゃいけないの？」と、訝しい気持ちを持っていました。

もちろん、プロポーズされて嫌な気持ちにはなりませんが、「結婚が私の人生の目的ではない」と、自分の深いところで知っていた感じもあり、必死ではないにしろ、何かをするためにここにいるはずだという、内側からの響きを感じながら生きていたと言ったらいいかなと思います。

読者のみなさんの中にも、その当時の私のように、「自分は何かをするために、ここに生まれて来た」と感じている方も多いのではないかと思います。

しかし、それが何なのか、なかなか見つからない…。

知りたい…。

でも、そのきっかけが見つけられない…。

そんな風に、悶々としているけれど、周囲の人には、あなたがそんな魂の奥深くにある目的に触れようとしていることなど感じてもらえず、なんとなく「いいなあ」と思う方向に直観を働かせて生きている感じ…。

どうです? 図星ではありませんか?

本書の中で、私が本当に伝えたいのは、そんなあなたの探しているものも、肌のお手入れをすることで、気持ちよさとともに気づくことができる、手にいれることができるということなのです。

肌には努力も修行もいらない

かつては、自分の魂の目的に触れるためには、激しい断食や業が必要だった時代もありました。

意識を究極の状態にもっていって、そこから、高次元への扉を開き、宇宙の真実を垣間見てくる。

そんな方法でした。

多くの修行僧は、そのために煩悩と呼ばれる性的欲求を絶ったり食欲を絶ったりと、肉体的な欲求に支配されなくなるように修行をしてきました。

しかし、実際は修行をすれば、感覚は鋭敏になり、五感が鋭くなるわけですから、いろいろなことが、今までよりもビビッドに感じられるようになり、その結果、ホルモンも活発になり、修行はどんどんつらくなります。

そんな過程を経て悟りの境地に達するのですか

ら、修行とは即ち苦行のことでした。

このような苦行で悟りを得られた人もいれば、中にはただ感覚をマヒさせて、辛さを乗り切る人もいたのではないでしょうか。

感覚がマヒする方向は、「覚醒」とは真反対の方向です。

むしろ、この五感を完全に目覚めさせて、脳を活性化させてしまえば、辛い修行をして悟りの境地に自分をもっていくよりも、ずっと良いのではないか？

仏陀のような悟りには至らなくとも、少なくとも気づきの体験が多くなり、覚醒に近づけるのでは？

そう、考えてみるのはどうだろう？

ある時、そんな「真理」に気づいた私は、気づきが導く「道」へと自然に入り、歩み始めるようになっていきました。

心の中にあった思いの希求が酸素の気球となり、深海の底から海面に一気に上り詰めようとする泡のように意識下から意識上に上がって行くかのように…です。

結果的に、私は努力も修行もなしに覚醒する方法をみつけてしまったのですが、その方法は、誰もが知っている、簡単で、身体も心も心地よい方法だったのです。

じらさないで、教えてくださいと、懇願する読者の方の顔が見えてきたので、その方法を明かすことにしますね。

実は、努力も修行もいらないこの方法は**「肌には努力も修行もいらない」**ということに繋がっているのだということ。

英語で『インダルジェンス（indulgence）』という言葉に当たるのが、その方法だったのです。

辛い修行をすることとは180度違う、『インダルジェンス』とは、放縦、気まま、意のままにすること、ほしいままにすること、無節制、甘やかし、意のままにさせること、という意味ですが、これが、肌にも覚醒にも実はすごく大切なことなのです。

運の根幹を表すほうれい線

さあ、では、その方法を教えましょう！

…ということになりますが、その方法はこの本の前の章までで、すでに伝えておきましたので、方法そのものは、前のページを捲って下されば、もう、そこにあります。

ここで大事なのは、なぜ、そんなに簡単に、インダルジェンスな状態での気づきが起こり、能力開発にまで達することができるのか？という仕組みを知ることです。

なぜ、仕組みを知らなければいけないのでしょう？

それは、私たちの顕在意識の中には、「思い込み」と呼ばれる観念がたくさん詰まっていて、新しくて有用なことを理解しようと思っても、この古い「思い込み」の方が正しいのだと錯覚を起こしてしまうので、現象が起きていても、それを深く理解することができない仕組みになっているからです。

私の提唱する方法は、スイッチを入れれば電機がつくように、その仕組みを知らなくても、誰にでも効果のあることですが、この本を手にとってくださり、「ほうれい線」を消そうと思ったあなたは、ただ、目じりのしわを取りたいとか、小顔になりたいという願望をもっているだけでなく、「ほうれい線」が持つ、独特の意味を携えている方だと言えるからです。

ほうれい線は、強運相や貧困相を表すと言われていますが、まさに、人生の根幹にあるエネルギー、インドではクンダリーニと呼ばれる生命エネルギーの状態を表す、大切な「人相」の一つです。

そのエネルギーのラインでもあるほうれい線に興味を持つということは、押しなべて、生きる目的意識に目覚めている方、または今、目覚めようとしている方たちだと言えるでしょう。


ですから、ただ、ミラクルのように現象を追うのではなく、現象が起こるための「なぜ」を知っておく必要があるのです。

なぜなら、あなたが、あなたの後に続く人の教師たる言葉を吐く人になる可能性があるからです。

先人のすべてが教師であるとは言い難い、今日この頃、あなたの顔、表情、そしてそこから醸し出されるもののすべてが、人を導く力となっていくのですから、「なぜ」を知っておくべきだと言っても過言ではないかもしれません。

肌から宇宙へとつながる

顔には、五感のすべてが集まっています。

ご自分で、ひとつずつ確認してみてください。

目＝視覚
鼻＝嗅覚
耳＝聴覚
口（舌）＝味覚
肌＝触覚

更に、この顔の表面の奥には、脳があります。

脳のずっと奥へと侵入すると、そこには３つの脳「大脳」「小脳」「脳幹」があります。


「お手入れ」には、この人間として大切な部分のすべてをリラックスさせる作用があります。

その作用とは、肌からのアプローチで脳波を変化させていくというものです。

一般的に知られている脳波は、アルファー波、ベータ波、シータ波ですが、起きているときはベータ波が強く出ており、リラックス度が増すとアルファー波が多く出てきます。

更に深い睡眠や瞑想状態になると、シータ波が出てくるわけです。

脳波の一つの種類が、強く出ている状態を変化させる…。ここでは、ベータ波だったものをアルファー波へ、シータ波へと導くことが、肌へのアプローチでできるということなのです。

また、この肌へのアプローチが熟達してくると、すべての脳波が、同時に強く出る状態へと達することが可能になります。

私自身は、四国で養成講座を行っていた時に、一度、この状態を思いがけず体験したことがあります。

自分の顔に直接手を触れてもらって施術の指導をしていた時、強いアルファー波が出てきて、深いリラックス状態になったかと思うと、次の瞬間、更に深いところへといざなうシータ波が出ているのを感じました。その間、私は生徒さんに、「もっとここを、こうしたほうがいいですよ。」等と指導をすることもできているので、当然、眼球も動いているし、声も出しています。そう、ベータ波がちゃんと出ている状態です、これは。

指示を出しているそばから、私のシータ波はどんどん強くなっていき、深層に入っていくだけでなくオーラを広げ、高次元へとつながり始めたのです。

あたりは、カラフルなオーラの世界となり、生きとし生けるもののすべてが、きらきらと輝いている。

生きていることとは、こういうこと。宇宙とはこういうところ。すべては、美しく輝いているもの。言葉にしてしまうと薄っぺらになってしまうのですが、そんなことを同時に感じ続けることができたのです。それは一瞬のことではなく、施術の間続きました。

これからの人間と肌の関係

この章の初めに、子供のころに持った「教師になりたい」という夢も一度しぼんでしまった後でしたし、強い目的意識をもっていきていたわけではありませんでした。と、書いたのですが、ここから少しそれについてお話していくことにしましょう。


小学校1、2年のころの担任の先生は、教師と言うよりも「せんせい」と平仮名で呼びたいような楽しく、元気な人でした。

毎日、お教室にこの「せんせい」が入って来ると、ワンダーな世界がそこに広がりました。

私だけでなく、お教室にいた児童全員が、「もっと知りたい」と思うような好奇心をくすぐるような声が、「せんせい」の身体すべてから発せられていたのです。

「せんせい」の快活で元気な様子。

心の底から、子供たちを「育てたい」という気持ちをもっていることが伝わる雰囲気。

そのすべてが、「生きること」を教えてくれていたように思います。

今、不登校の子供たちが増えていますが、こんな「せんせい」に受け持ってもらったら、不登校なんて、とんでもない。学校に行きたくて、行きたくてしかたがない！と思ってしまうのです。

そして、そんな「せんせい」の授業を受けていた私は、やがて自分も「せんせい」になりたい！と、心の底から思いはじめたのです。

その後、高学年になり中学へと進むにつれて、しかし、私の気持ちは次第に、萎えてきてしまいました。

受験校へと進学した私を待っていたのは、「合っているか、間違っているか」の二元論の世界でした。

物事にはYESかNOの2つしか世界がない。

正しい答えか、そうでないかによって、成績が決められる。

感じていることなど、どうでもよい。

そんなことよりも、これが正しいとされる答えをどれだけ覚えられるかが、重要だ。

しかも、なぜ、そうなのか？さえ、教えられた通りに覚えていればよい。

自分で考えた答えなどいらない。

試験ですべてが決まってしまう、こんな世界にどんどん入り込み、「せんせい」は素敵な仕事だと思っていた私は、「せんせい」にはなりたいけれど、「教師」になど、絶対になりたくない！と失望感を覚えるようになっていました。

子供の心を育てるのが、「せんせい」。

しかし、子供の心を殺していくのが「教師」。

私は、究極、そんな風に感じるところまで行きついてしまったのです。

そして、本当は心の奥のまたその奥にある魂が携えてきた、私の人生の目的まで見失ってしまった…。

蓋をされた心の奥で、「そうじゃない、そうじゃない。あなたが本当にしたいと思っている教育は、人間にはなくてはならないものなのよ。心の奥底に耳を傾けて！」と、私の本質が呼び掛けているのに、もう、そんなことどうでもよい…。と、思えてしまうほど、感性そのものを閉じてしまったのです。

私が学生だった時に比べると、今の社会は、更に感性を閉じていかなければならなくなっている様子ですから、そういった意味で、あの時の自分を思い返すだけで、今の子供たちがどんな気持ちで生きているのかがわかります。

あの無気力、無目的な感覚の中で、なぜ、自分は生まれて来たんだろう？

何のために生まれて来たんだろう？

人生の意味って何なんだろう？

と、悩んでいる子供たちがいる。

その子たちのことがわかるために、私もあの無気力で無意味な時間を過ごしたのかもしれない。

今、本当にそう思っています。

こういった子供たちを、ハイリー・センシティブ・チャイルドと呼ぶそうです。

スピリチュアルな世界では、クリスタル・チルドレンという呼び方をするようで、このような言葉を聞いたことがある人もいるかもしれませんね。

時代でいうと、１９９９年生まれを中心として前13年、後13年の26年間ほどの間に生まれてきた子供たちの中に、このような子供たちがたくさんいるそうです。

ほうれい線を消すための本だと思ったら、なんだか、ずいぶん違う世界の話だなあ…、と思っている読者もいるかもしれませんが、実はこの話が、ほうれい線だけでなく、「肌」というものの役割を理解する、大きな糸口となるところですので、その基礎の部分だと思って、今しばらく、読み進んでみてくださいね。

進化する肌へ

クリスタル・チルドレンと言う存在がいるということも、やはり長男の出産の後に次第に知ることになりました。

長男は、子供のころから、大人でも知らないようなことを、すぱっと言い切る時があり、驚くことがたくさんあったのですが、次々に子供を産むと、生まれた三人の子供全員が個性的な子供たちだということに気がつきました。

このころは、まだ心理学者の間でもハイリー・センシティブ・チルドレンのことが研究されていなかったのですが、この子たちはクリスタル・チルドレンの仲間なのではないかと思うようになったのと同時に、自分自身がインディゴ・チルドレンと呼ばれる世代に当たるのだということもわかって来ました。

※「ハイリー・センシティブ・チルドレン HSC／ハイリー・センシティブ・パーソン HSP」

クリスタル・チルドレンとは、人一倍感じやすい子供、人のこと。

アメリカの心理学者エレイン・アーロン氏が提起した「特性」です。人口の15～20パーセントを占めるとされ、生まれ持った気質とされています。

科学的な専門用語としては、「Highly Sensory Sensitivity（SPS 感覚処理の敏感さ）」といった言葉が用いられています。

※参考文献『The Highly Sensitive Person』『The Highly Sensitive Child』（エレイン・アーロン、Thorsons）

インディゴ・チルドレンというのは、親の世代から受け継ぐトラウマの中に生き、その痛みを知ったうえで、新たな世界への橋渡しとする世代です。

戦争を知らない世代が、両親までの世界が被った戦争や対立の痛みを、その小さな胸で一気に受け止めるような大変な役割を持った子供たちですから、多くの魂がそんな役割を志願するわけもないのですが、この地球という世界とは遠い、宇宙の深淵であるインディゴブルーのような世界からやってきた人たちは、そんな痛みを受け止め、変換することを志願してやってきた人たちです。

インディゴ世代は、今までからその次へと橋渡しをする世代なので、自分はそれにあたるかと思っていましたが、どうも私自身もハイリー・センシティブ・チャイルドの一人だったのではないかと思っています。

なぜなら、ハイリー・センシティブ・チャイルドの気持ちが、透き通って見えるほどわかりますし、今、肌についてみなさんに教えていることも、ハイリー・センシティブ・チャイルドには必要不可欠な内容だからとも言えます。

一体、何が、その必要不可欠なことなのか？と、思われた読者に、ある言葉をもとに説明をしていきたいと思います。

それは「皮脳同根」という聞きなれない言葉です。

皮脳同根（ひのうどうこん）

皮膚と脳は、同じルーツを持つという意味がこの言葉にはあります。

早い話が、だから、皮膚は脳であり、肌は心であると言えるということです。

ストレスがたまると、肌に出てくるという経験をした方は多いと思います。

私自身、実は、子供のころからありとあらゆるお肌のトラブルを抱えてきました。

肌荒れや蕁麻疹に悩まされること甚だしく、そういった自分自身の状態も、今の私を作り上げる要因になったと思います。

神経が敏感なので、すぐに反応して肌にそれが出てしまうのです。

人前に出るのも恥ずかしいほど、目の周りがガサガサになったり、夜な夜な蕁麻疹に悩まされたり等、一体、なぜ、こんなことばかり自分に起こるのだろう…。

特にアメリカに留学していた時のクラスメートなど、お酒を飲んで帰ってきて、お化粧をしたままで寝てしまっても、へっちゃら。

なのに、私って、とっても損な体質だなあ…と。

しかし、ストレスなど脳に負荷がかかった時に、肌に症状が出てくるということを、身をもって知ることができたので、皮脳同根という言葉は、ただの言葉ではなく、実感を伴うものとして迫って来ました。


では、その「同根」の「根＝ルーツ」にあたるものとは何なのでしょうか？

それは、私たちが生まれる前に受精卵となったころに起因するものがあります。

受精卵は、細胞分裂を繰り返しながら成長し、3週目に入ると胚葉（はいよう）と呼ばれるものとなります。

これは外胚葉、中胚葉、内胚葉と呼ばれる3層の細胞層からなっています。

人間の皮膚は一番外側の「外胚葉」から派生したもので、脳もまた「外胚葉」から派生したものであることから、皮膚と脳はルーツが同じだというわけです。

そう聞くと、では中胚葉、内胚葉は身体のどの部分になるの？

と、好奇心がわいてくる方もいると思いますので、ここにその関係をあげておくことにします。

アメリカの心理学者W・H・シェルドンの提唱した体質心理学（constitutional psychology）というものが、最近注目を集めています。

このシェルドン博士は、正常人を対象に身体部分の17か所の測定値と身長の比を統計的に分析し以下の3類型を明らかにしました。

それが以下のような分類です。

（1）外胚葉型外胚葉を起源とする皮膚組織、感覚器官、神経組織の発達がよく、弱々しい体格。

（2）中胚葉型中胚葉を起源とする筋、骨の発達がよく、角張った、がっちりした体格。

（3）内胚葉（ないはいよう）型内胚葉を起源とする消化器官の発達がよく、柔らかく肥満体。

性格特性

（1）頭脳型性格（頭脳緊張型気質）堅い動作姿勢、尚早反応、引っ込み思案、過敏心配性、表出抑制、社交嫌い、苦痛への弱さ。

（2）身体型性格（身体緊張型気質）粗い動作姿勢、精力的、運動好き、権力欲、大胆率直、荒々しい攻撃性、苦痛への強さ。

（3）内臓型性格（内臓緊張型気質）安楽、緩慢、貪欲（どんよく）、社交的、寛容、自己満足など。

このように、内胚葉型は内臓型性格と、中胚葉型は身体型性格と、さらに外胚葉型は頭脳型性格とそれぞれ高く相関しています。

※参考文献『『体格と性格』（エルンスト・クレッチメル著、相場均訳、1960、文光堂）

それぞれのタイプに分かれるという点も大変興味深いことだと思いませんか？

ざっと見て、ご自分がどのタイプにあたるのかを診断してみてください。

何か、きっと発見があると思います。

肌から松果体へ

脳や神経に作用するものが、そのまま肌に表れるとしたら、その逆もまた真ではないか？

つまり、肌のお手入れは、即ち、脳に影響を与える、脳のお手入れなのではないか？と考えてみましょう。

皮脳同根のように、私のお話は、前述したクリスタル・チルドレンと肌のお手入れがここに同根を持つということなのです。

新しい時代を担う子供たちが生まれてきているのに、それを理解できずに発達障害などの病名をもらい、子供を薬漬けにしてしまうお母さんが、後を絶たないのが現状です。

肌のお手入れは、脳を整える作用があると考えた場合、例えば、子育てになんらかの困難を感じた時には、まず、お母さん、そしてお父さんもお肌のお手入れをして、気持ちよく脳を整えていくと、子供たちに即座に影響が及び、調和のうちに生活を営んでいけるようになるのです。

「私のお肌の手入れをするだけで、家族に調和が生まれる？　子育てが楽しくなる？」

そうです。本当にそんなに簡単なことなのです。ただし、お肌のお手入れの方法を知り、肌が望んでいることは何なのか？　肌が望んでいないことは何なのか？という基礎を知っておく必要があります。

そして、その次の段階としては、お肌のお手入れをする「あなたの手」にどんな力があり、その力を開発しながら使っていくためには、どんなことをすればよいか？という基礎知識も必要です。

しかし、気持ちよい脳波が出てくるお手入れをするだけで、自分もキレイになり、周囲との調和もできていくのですから、この硬い「開発」という言葉とは程遠い、気持ちの良いプロセスで肌も手も「開花」していくことには間違いがありません。

でも、一体、どうしてそんなことが起こるのか？をお伝えしていきましょう。

外胚葉タイプの子供たち

宇宙人の絵を描いてくださいと言われると、頭でっかちで筋肉のない身体、洋服なのか皮膚なのかわからないものですっぽりと包まれているヒューマノイドを描く人が多いのではないかと思います。

宇宙人、即ち、未来型の人間はムキムキのキン肉マンではなく、頭が大きくて筋肉の少ない、特殊な肌の人間ではないか？

そのように私たちは感じ、ここから進化していく人間の未来を宇宙人の姿になぞらえているところがあるのではないかと思います。

実際に、毎日の生活の中で重たいものを持つ時間は少なくなり、仕事と言えば、オフィスワーク。コンピューターの前に座っている時間が多くなっている今日、この頃です。

食物も、噛んで、噛んで、飲み込む、というようなものではなく、柔らかくて食べやすいものが多くなっているわけですから、顎も小さくなり、筋肉も少なくなっています。

スラっとして身長が高く、クールな感じの若者たちは、これから生まれてくる更に筋肉がそぎおちた頭脳人間の先達なのではないかとさえ思えます。

さて、このような未来型の人類の始まりがクリスタル・チルドレンと言われる人たちなのですが、彼らの風貌はまさに外胚葉タイプだということにお気づきでしょうか？

これからの未来、私たちの肌はもっと進化し、肌が五感の役割を担い、心の様子もすべて表れ、虹の色のように変化する、透き通った美しい存在になっていくのではないか？

だからこそ、統合されたエレメントの、新しい人類になるために、脳の調整を行うことは、今、私たちが取り組むべき一番大切なことなのではないか？

そのためには、つらい修行や苦役ではなく、気持ちよく整えていくことが一番必要なのではないか？

そう、私は思うのです。

そして、今、石灰化が起きていると言われている「松果体」を守り、活性化させていくためにも、お肌のお手入れは、現代人の必須科目であると大声をあげていいたいのです。

脳の特徴

私は、顔のお手入れの授業ではじめて脳の３つの特徴を理学美容として習いました。

顔を触るわけですから、当然、脳の仕組みや作用を知る必要があると考えることが基礎となっているからです。

そういったところから、私もエステティシャンは、脳の特徴を知って施術をするように指導をしています。

さて、脳には３つの特徴があります。

・脳には主語がない

・脳には時間の区別がない
・脳にはイメージと現実の区別がない

脳は、実際「自分」と「他人」に区別をつける主語というものを持たないと言われています。

つまり、私とあなたの区別がつかないそうです。

また、潜在意識は、過去、現在、未来という時間の区別がつかないとも言われています。

今、この現実の世界にいると、自分と他者、過去、現在、未来というものに添って生きていなければならないので、あたかもこの区別があると思っているのですが、実は、脳にとってはそんなことお構いなしなのだそうです。

また、イメージと現実の区別がつかないという作用ももっているので、イメージしたことに恐れをなしたり、その逆に現実に起きていることなのに、夢物語のように感じたりしてしまうのです。

しかし、最近では、この脳の作用を知って、思いのままの現実を創造していこうという動きも出てきました。

既に、この作用を熟知した人たちは、イメージしたことは、現実になると信じ、未来に起きることのために、今、ここで備えるという、そんな生き方を始めている人たちもいます。

しかし、今、ここでイメージしたことが未来に起こるといっても、その未来そのものが時間の錯覚の世界だとしたら、本当に訳がわからなくなってしまいます。

そこで、私たちの身体も五感も、自分と他者の間に境界線を作ったり、過去、現在、未来という時間の枠や境界線のようなものを作ったりして、わかりにくいものをわかりやすく設定しているのだなと言うことがわかってくるわけです。

瞑想などをすると、自分も他者も同じと感じるワンネスの境地に達しますし、そういったワンネスの世界には、過去も現在も未来もないといったことも、理屈ではなく感じることができます。

いわば、私たちは宇宙に広がった意識そのものであり、そこには何も境界線も制限もない。

しかし、今、ここに生きている限りは、そういったものを設定し、特定しているだけだから、囚われをなくして、自分自身を開放していこう…。

エゴが強くなりすぎて、この囚われの世界の中に落ち込み過ぎた時には、きっちりとした境界線ができて、広がりなど感じられなくなり、こうしなければ、ああしなければという気持ちになってしまうだろうけれど、今、ここにある枠組みの世界は「幻想なんだよ」と思い出すことができる時間を持つことで、私たちは更なる可能性を生きていくことが可能になる…。


そのために、皮脳同根というセオリーを使って、肌と脳の関係づけを取り戻し、現世の囚われから解放したい。

解放してもらいたい。

解放された人を作りたい。

そんな思いを持っているのです。

それが、私の人生の使命であると言えば、大げさです。

使命だとすれば、多分、私一人の使命ではなく、今、この時代を生きる人類みんなが持って生まれた使命ではないでしょうか？

それだけ、今、物質や時間の制限から解き放たれる時に来ている…、と思うのです。

顔の中心に現れるほうれい線は、まるで新しい時代のゲートのように、私たちに注意勧告をしている！

またもや、大げさですが、そんな風に思います。

思い出してほしい母の手の力

さて、いろいろな角度からお話をしてきたところ、使命感を感じているというところまで来てしまいました。

この使命感というものは、どこからくるものだろうと更に内観していくと、ある答えが自然に湧き上がって来ました。

それが、「母の手の力」です。

ここで私が言う「母の手」とは、お母さんの手のことだけではありません。

生きとし生けるものすべてがもっている育む力、愛する力を持つ手のことです。

簡単に愛する力と言いますが、母の手に値する「愛する力」とは、生まれてきたいと思うものを受容し、自らの身体を仮の宿とさせ、生命を分かち合いながら育み、産みの苦しみをもいとわない愛のことです。

等価交換でなければ取引しないというような、功利的なものではなく、見返りを求めない無償の愛のことです。

そして、この無償の愛の力は、母の愛であると言われるわけですが、実は、母とならない女性であっても、男性であっても、また、ご自分をジェンダーフリーという位置づけをしている方たちであっても、この母たる力を持っているのです。

心理学等では、太母と呼ばれるものがそれかもしれませんが、私はそれを宇宙の母の力、宇宙の母の手だと感じながら、肌のお手入れをしてきました。

人間が生まれ文明が生まれて今日まで進化、成長を果たしてきた背後には、このような隠れた力がある。

そこを見落として、自分さえよければよい、ほうれい線さえ消えればよいというものではありません。

ただ、大上段に立って持論を振り回すだけでは、意味がありません。

そこで、私はシアトル留学や、子供たちをインターナショナルスクールに通わせた経験等を踏まえて、この方法を世界に通じる形にしたいと思い、肌のお手入れを「OTEIRE」とアルファベット表示にし、母の手をHa-haHandと表記するように工夫しました。

五感と五本の指が一目瞭然でわかるロゴを作り、美容だけの世界から五感、脳、人間の進化にまで繋がる施術を表しました。

そして、お手入れをすることは、肌を知ること、自分を知ること、自分を愛すること、周囲の人たちと調和して生きる道を開いて歩くこと。

更には、我慢せず、ストレスをためず、素直に自分を生きていくことが、結果的にあなた自身をがっかりさせてしまう「ほうれい線」から解放される最短の道ですよと、伝えたいのです。

しかし、生きていくためには、自分がしたくないこともしなければならない。

我慢して、人の言いなりにならなければならないこともある。

行きたくなくても学校に行かなければならないし、会社にも行かなければならない。

この世は、「〜なければならない」という制限でいっぱいなのに、この上、どうしろと言うのですか？

お金のある人は、余裕を持って生きていけるでしょう。だから、その人たちにとって、我慢せず、ストレスをためないことは簡単かもしれません。

でも、休みをとることさえ難しい人にとっては、無理難題を押し付けられているように思えます！

私は、人様に迷惑をかけずに、ちゃんと生きていけと育てられてきた中で、自分はさておき、人を優先することが正しいと思っているので、素直になることは我儘になることと同じだと思ってしまう。なかなか変えられないことを要求されても難しいです！

無償の愛？

見返りを求めない行為？

冗談じゃない！

宗教家じゃあるまいし、知に足がついていない浮いた考えだとしか思えません！

はい。

読者の皆さんがおっしゃりたいことは、よくわかります。

その通りでしょう。

しかし、ここで一番大切なことを言います。

その反発する気持ちが、あなたの「ほうれい線」を作っているのです。

ダメ、できない、どうせ、しかたがない、あきらめよう

そんな気持ちが、顔のど真ん中に座って、見たくもないほうれい線をくっきりと刻んでいるのです。

さあ、

少しの間、この本を置いて、

掌を見てみてください。

これが、あなたにとっての「母の手」です。

もう一度、よく見てみてください。

こんな身近なところに、

あなたを受け入れ、愛し、癒し、

進化させてくれるものがあるのです。

この本の2章にあるように慈愛のポーズをとり、掌をお肌に密着させてみてください。

そうです。これが、ほうれい線を消す極意だと、今、感じていただけたと思います。

この甘えてもいい、と思えるような安心感を思う存分、あなたの手からあなたのお肌へと感じさせてあげてください。

そして、同時にあなたの掌もお肌に触れて喜んでいることを感じてください。

さあ、ここからほうれい線が消えていくのは、時間の問題にしかすぎません！

世界中の人々に伝えたい

こんなに素敵な掌の秘密を世界中の人に伝えたいと、日夜考えて来ました。

そこで、どうしても脳裏に浮かぶのは、自分の手で慈愛のポーズをとることができない人たちのことです。

生まれつき障がいを持っている方や、不慮の事故にあってしまった方。

病気で手が動かせない方、脳障害を患っている方。

そんな方たちには、当然のことですが、母の手になるための施術方法をトレーニングした人たちが必要です。

しかし、肌は心であり脳ですから、単に施術の方法をトレーニングした方たちではなく、心の中にあるわだかまりを解消し、脳の中にあった古い観念や縛りから解放されている施術師が必要なのです。

Ha-haHand OTEIREは、お手入れによって、段階を踏んで心を開放し、皮脳同根という性質を熟知したところで施術のなんたるかを学んでいく方法をとり、多くの人たちに伝わっていく方法を考えました。

おわりに

最後まで「ほうれい線は消える」を読んで頂き、ありがとうございます。

私が本書で一番言いたかったこと。

それは、**ほうれい線が気になりだした、その時が、生活習慣や考え方を見直すチャンスだ**ということです。

たった一度きりの人生、大切なお顔を慈しんで、愛してほしい。

そして一緒に美しく魅力的に年を重ねていきましょう!!

執筆途中、もっとこんな事も、あんなことも、と思い悩みました。

でも、実践こそ命。楽しく続けていってほしいと願い、簡単で効果的なことを厳選しました。

初めての出版が、こんなに素敵な本になったこと。

心よりうれしく、ホッとしています。

書き終えてみて、ここからが「スタート」だと思えました。


「気の良い本にしましょう」という自由国民社の竹内編集長の一言が、心の支えとなり頑張れました。

「姿勢」の所でアドバイスを頂いた、大阪の友人。長年プロのモデルとして活躍してきた、ウォーキングスタジオ「MJION」主宰　大庭美樹さん。

心の部分を書くにあたって相談に乗ってくださったイギリス在住、ルノルマンカード、5次元ライフのJUJUさんこと、小宮ベーカー純子さん。

皆の応援のおかげで今日があります。

サロンスタッフの栗林亜也子さん、若原しづこさん、安田美千代さん、武吉恵さん。

全国のOTEIRIST《オテイリスト》の仲間たち。旦那様と3人の子どもたち。

美容の道に進むきっかけとなった、オシャレでパワフルな母。

「本ばかり読んでないで、本を書きなさい」と思春期に声をかけてくださった父。

美容の師である峰順子先生に、心より感謝の意を表します。

皆様、ありがとうございます。


この本を手にとり、、読んでくださったお一人お一人の「お顔」に触れて差し上げたく、
全国行脚をしたいほどです。

ぜひ、会いに来てくださいね。

本書の3《スリー》・R《ラピッド》・M《メソッド》など、動きのあるものなどは、動画に収めました。

お役に立ててください。

二〇二〇年一月

三城　響子

三城 響子　さんじょう・きょうこ

合同会社 Zephyr 代表
魅顔塾～ Ha-ha hand OTEIRE 主宰
フェイシャルエステで魂にスイッチを入れる～ヒーラー&歌手

東京都出身。シアトルにて経済学部、マネージメント学科学士。帰国後、総合美容の会社にてインストラクターとして活躍。大脳生理学を元にしたオールハンドのフェイシャルに出逢い、自身の使命に気づく。潜在意識と口ぐせと脳生理学、量子力学、解剖生理学、頭蓋と仙骨治療、ヒーリング各種など、様々な分野で学び統括させた独自のフェイシャル心理学を、誰もが分かりやすく実践できる様に【OTEIRIST《オテイリスト》 養成講座】や【ヤマト撫子レッスン】などを開講。

癒しのハンドエステ・ヒーリングを27年、３人の子育てをしながら実施。

脳・心・体の疲れがとれ、元気に前向きになれると、その結果に定評がある。

１９９９年にスタートした、アカデミーでは、技術だけでなく、「心のあり方」をも学んだ受講生やその周りの家族に変化が起きると好評。日常の習慣を変える『セブン・デイリーメソッド』や書く事で本当の望みと繋がり、現実を創造する実践者を多数輩出。

「クリスタルキッズ倶楽部」では10代からの子供達も導く。

「不幸続きだったのに結婚・出産！」「女性としての自信を取り戻して複数の人からプロポーズされる」「仕事も家庭も人間関係が良好!!」「更年期も鬱も吹っ飛ぶ!!!」など Kyoko 流フェイスシャル心理学をきっかけに人生が変わった女性が続出。

施術した延べ人数は１万名超。

口コミ、リピート率が97%。人生が劇的に路線変更した受講生たちであふれ、現在では札幌を中心に全国各地で開催している。

ご挨拶

物質中心、経済優位の社会の中、これから益々ＡＩの発展と便利の追求により、人の「手」が必要ではなくなります。

そして、対面対人関係も減少の一方をたどる中、人と人、肌と肌、心と心、脳波と脳波、エネルギーの交流を人類は枯渇していくと思います。

「手」の温もり、「手」の本来のパワーを取り戻した、一家に1人のヒーラー、地域に1人のOTEREIST《オテイリスト》、そして、その手を持つ人が、他の様々な職業で活躍していく。

愛と調和、科学と霊魂が、融和した世界が「大和撫子のて」から発動することを願ってやみません。

「皆さん、私と出会ったら必ず輝く、あなたの魂の望みの花を何度でも咲かせましょう。」

Web サイト

大和撫子のて

女性の目覚めが世界を癒す

https://oteire-nadeshiko.com/

三城響子 LINE

こちらの QR コードから
友だち追加して頂ければ、
本書の内容に関する動画を
配信させていただきます
【読者限定　先着 500 名様に
特別動画プレゼント】

https://lin.ee/8fF8Rd

Special Thanks to:
企画協力　岩谷 洋昌（H&S株式会社）
編集協力　堀 容優子
本文イラスト　あべゆきこ
株式会社 i and d company

ほうれい線《せん》は消《き》える！
二〇二〇年（令和二年）三月四日　初版第一刷発行
著　者　三城 響子
発行者　伊藤 滋
発行所　株式会社自由国民社
東京都豊島区高田三―一〇―一一　〒一七一―〇〇三三
電話〇三―六二三三―〇七八一（代表）
造　本　JK
印刷所　新灯印刷株式会社
製本所　新風製本株式会社